HEIKO WENIG

DIE INNERE BERÜHRUNG

Ein Weg zu Freiheit und Frieden

HEIKO WENIG

DIE INNERE BERÜHRUNG

Ein Weg zu Freiheit und Frieden

Impressum

Wichtiger Hinweis: Die Innere Berührung sowie die in diesem Buch abgedruckten Informationen und Anleitungen zur Inneren Berührung können und wollen keine ärztliche, medizinische und therapeutische Hilfe im gesetzlichen Sinne sowie keine entsprechenden Methoden, Anwendungen und Behandlungen ersetzen. Der Autor Heiko Wenig und der Verlag übernehmen keinerlei Haftung für eventuelle Schäden, die sich aus dem Gebrauch oder Missbrauch der in diesem Buch dargestellten Methode ergeben können. Der Leser übernimmt selbst die Verantwortung für sein Tun und Handeln.

2. Auflage 2015
3. Auflage 2025

Redaktionelle Mitarbeit: Andrea Stäger
www.andreastaeger.ch

ISBN 978-3-89539-384-6

Inhalt

Vorwort

Dieses Buch ist etwas ganz Besonderes.
Seit fast zwei Jahrzehnten arbeite ich nun sehr erfolgreich mit Menschen auf dem Weg der ganzheitlichen Heilwerdung, doch die Entdeckung der Inneren Berührung stellt einen Durchbruch in neue, ungeahnte Bereiche der Möglichkeiten dar, sich selbst und anderen frei, leicht und vor allem effektiv zu helfen und echte Veränderungen zu bewirken.
Dabei war ich immer auf der Suche nach etwas, was leicht geht, aber dabei mehr Erfolg hat, als der bewusste Verstand fassen kann; etwas, das tiefgreifend wirkt, ohne langwierig und kompliziert zu sein; etwas, das jeder Mensch machen kann, ohne eine Ausbildung durchlaufen zu müssen, weil man nichts falsch machen kann; etwas, das frei ist von Glauben, Überzeugungen, Weltanschauungen und besonderen Fähigkeiten und von jedem einfach umgesetzt werden kann; etwas, das Freiheit bringt und die Seele als Ganzes durchdringt, ohne vorher alles wissen, analysiert und verstanden haben zu müssen.
Dann entstand die „Innere Berührung“ und erfüllte alles und noch viel mehr.
Ich freue mich so sehr, dass jetzt die Zeit gekommen ist, da jeder, der möchte, darauf zugreifen kann, und wünsche jedem, der es tut, Wunder über Wunder.

Ich habe zu viel erlebt, um nicht daran glauben zu können.

Heiko Wenig

(Urheber und Entdecker der Inneren Berührung)

1 | Die Innere Berührung

Energien der verschiedensten Art umgeben und durchdringen uns die ganze Zeit. Alles, was existiert, ist Energie. Unser Körper, unsere Gefühle, Gedanken und Vorstellungen, unser Energiefeld und genauso alle Dinge, die uns täglich begegnen. Alle Erlebnisse und Erinnerungen erzeugen Energien, welche in uns schwingen und den Alltag im eigenen Empfinden auf unterschiedliche Art prägen. Ob das, was uns umgibt und uns begegnet, als positiv oder negativ aufgenommen wird, entscheiden die persönlichen bewussten und unbewussten Resonanzen. Beginnt man die eigene Energie und die darin vorhandenen Resonanzen bewusst wahrzunehmen, ist es immer möglich, diese zu verändern. Entscheidend ist nicht, was dir in deinem Leben passiert, sondern wie du damit umgehst.

Die »Innere Berührung« ist aus dem Wunsch heraus entstanden, jedem Menschen, der sie anwenden möchte, eine Technik zu geben, um den eigenen Lebensfluss auf eine positive und kraftvolle Art selbstbestimmt zu formen. Es ist eine einfache und effiziente Technik der Bewusstseinsarbeit, die man für sich selber anwenden kann. Du kannst damit hindernde und blockierende Resonanzen verschiedenster Art in kurzer Zeit lösen, um zu mehr innerer Freiheit, Leichtigkeit und einem immer harmonischeren Lebensfluss zu gelangen. Nicht weil du Dinge außerhalb von dir veränderst, sondern weil du dir deine eigenen inneren Räume der Freiheit und Kraft zugänglich machst. Die Innere Berührung ermöglicht dir eine Veränderung von innen nach außen über die Veränderung deiner Energie. Die Arbeit ist besonders leicht, weil die Energien der eigenen Themen weder getrennt von dir noch außerhalb des Körpers existieren. Alle bewussten wie unbewussten Gefühle, Gedanken und Körperempfindungen zu einem Thema sind Energien, welche ihren Ursprung in deinem Körper haben und körperlich wahrgenommen werden können. Dabei geht es nicht darum, ein Thema zu analysieren, sondern darum, es energetisch zu erfassen und in seiner Ganzheit zu bearbeiten.

Seit langer Zeit wird diese Technik von vielen Menschen, unter anderem von Physiotherapeuten, Osteopathen, Energetikern, Medizinern und Psychologen mit Freude und Erfolg angewendet, um tiefe und nachhaltige Veränderungen in der eigenen Grundenergie und Seelenstruktur zu bewirken. Das Wunderbare an der Technik ist, dass sie einfach in der Durchführung und ihr Anwendungsgebiet dabei fast unbegrenzt ist. Es ist möglich, Themen auf körperlicher, emotionaler, mentaler und spiritueller Ebene zu bearbeiten und unmittelbar zu testen. Im Verlaufe der Jahre hat sich sogar gezeigt, dass die Innere Berührung auch bei Themen, welche seit längerer Zeit ohne Erfolg bearbeitet wurden, der entscheidende Schlüssel zur Lösung sein kann.

Ein Ereignis, welches ich nie vergessen werde, war die Arbeit mit einer Klientin, die Angst vor Dunkelheit hatte. Sie hatte nicht nur ein bisschen Angst vor Dunkelheit, sondern verfiel in regelrechte Panik, sobald sie sich alleine im Dunkeln befand. Dieses Thema begleitete sie seit 54 Jahren. Jede Nacht schlief sie mit offenen Gardinen, damit das Licht der Straßenlaternen hineinscheinen konnte. Manchmal musste sie sogar Licht im Zimmer einschalten. Ohne Licht außerhalb der Wohnung zu sein, war für sie undenkbar.

Diese panische Angst hat sie mit einer Inneren Berührung bearbeitet. Am Ende der Sitzung hat sich die Frau zum Überprüfen des Resultats in der fensterlosen Praxistoilette ohne Licht eingeschlossen. Anstatt in Angst und Panik zu verfallen, wie das bis zu diesem Zeitpunkt passiert war, fing sie schallend an zu lachen. Es hat ihr nichts mehr ausgemacht, alleine in der dunklen Toilette zu stehen. Die Angst war verschwunden. Zwei Wochen später berichtete sie mir, dass sie seit der Inneren Berührung die dunklen Nächte genießt und sich in der Dunkelheit geborgen fühlt.

Viele Menschen sind der Ansicht, dass die Arbeit an tiefen Themen schmerzhaft und leidvoll ist und dass jedes Thema, welches lange Zeit präsent war, auch in der Auflösung viel Zeit benötigt. Dies sind Annahmen, die so nicht stimmen müssen. Seit einigen Jahren eröffnen sich in der Energiearbeit komplett neue Wege und Möglichkeiten. Dies liegt an der Veränderung der Erdenergie sowie der Veränderung des kollektiven Bewusstseins der Menschen. Wir leben in einer Zeit der Veränderung der energetischen Grundlage der menschlichen Entwicklung. Durch die Veränderung der Erdenergie werden persönliche Entwicklungsprozesse stark beschleunigt und vereinfacht, bei steigender Intensität und Bedeutung für die eigene Bewusstseinsentwicklung. Auch tiefgreifende Thematiken können in immer kürzerer Zeit leicht und effektiv gelöst werden. Es geht in der heutigen Zeit mehr denn je darum, im jetzigen Moment zu leben, unabhängig von der Wirkung alter Prägungen und Muster.

Was bei der Inneren Berührung besonders kraftvoll wirkt, ist der Fokus auf das Positive und die eindeutige Ausrichtung der Veränderung von innen nach außen. Es geht nicht nur darum, hindernde Resonanzen aufzulösen, sondern genauso dem Positiven und Kraftvollen Raum zu geben. Diese Entfaltung des Positiven geschieht in dir drin und es ist diese Kraft der Veränderung in dir drin, die auch eine Veränderung im Außen nach sich zieht.

Damit die Innere Berührung optimal funktioniert, ist es wichtig, dass du sie genau so anwendest, wie in diesem Buch beschrieben, dass du im Ablauf nichts hinzufügst und nichts weglässt. Die Innere Berührung wurde Hunderte Male auf Fehler getestet, und du erhältst hier die Version, die einfach und perfekt aufbereitet ist. Wie du das genau machst, wird dir im Folgenden ausführlich beschrieben.

Erfolgsbeispiele zur Inneren Berührung

Eine junge Frau erzählte im Seminar, das sie seit ihrer Kindheit lockere Bänder an den Knien hat und sich jedes Mal, wenn sie springt, rennt oder sich zu hastig bewegt, ihre Knie auskugeln. Aus diesem Grund konnte sie keinen Sport treiben und vermied es, im Alltag ihre Beine mehr zu belasten, als in einem gemächlichen Gang zu gehen. Auf dem Weg zur Arbeit und zu Terminen machte sie sich immer viel zu früh auf den Weg, damit sie nicht in die Situation kam, rennen zu müssen. Sie hat eine Innere Berührung zum Thema »Kniethematik« gemacht, wie sie ihr Thema seit Jahren nannte. Bereits kurz nach der Inneren Berührung fühlte sie, dass ihre Knie physisch wahrnehmbar belastbarer wurden. Sie stand auf und begann schneller zu gehen als normal. Danach begann sie von Treppenstufen hinunterzuspringen. Beides funktionierte ohne Probleme. Nach zwei, drei Monaten konnte sie Sport treiben. Ihre Knie haben sich vollständig verändert.
Eine andere Frau erzählte, dass sie seit Jahren versucht abzunehmen. Immer wieder hat sie Diäten gemacht, damit abgenommen, um gleich darauf wieder zuzunehmen. Sie erzählte, dass sie einen regelrechten Kampf gegen sich begonnen hat, weil sie unglücklich mit ihrer Körperform war. Da sie merkte, dass der Kampf gegen sich selber nicht funktionierte, fragte sie mich, ob sie das Übergewicht mit einer Inneren Berührung bearbeiten kann. Auf die Frage, was passieren würde, wenn sie plötzlich ihren Traumkörper hätte, antwortete sie blitzschnell: »Oh nein, dann würden mich die anderen Menschen so

sehen, wie ich bin.« Sie hatte Angst davor, gesehen zu werden, wie sie ist, und Angst davor, dafür abgelehnt zu werden. Sie erkannte in diesem Moment, dass ihre Körperform einen Schutz für sie darstellte. Seit ihrer Teenagerzeit versuchte sie sich zu verstecken. Sie hat eine Innere Berührung mit der »Angst vor Ablehnung« gemacht. Unmittelbar danach hat sie sich auf der Gefühlsebene um Tonnen leichter und freier gefühlt. Sie konnte es sich nicht mehr vorstellen, sich zu verstecken. Plötzlich merkte sie, dass sie sich auch in ganz anderen Lebensbereichen bis zu diesem Zeitpunkt nicht zeigen wollte – so, wie sie ist. In der Familie, bei den Nachbarn, im Beruf und vielem mehr. Kurze Zeit später sagte sie mir, dass sie sich wohl und schön mit ihrem Körper fühlt und sich der Körper langsam verändert.

Vor nicht allzu langer Zeit hatte ich einen Mann bei mir in der Praxis, der seit langer Zeit von ernsthaften Zwängen geplagt wurde. Er hatte das Gefühl, dass er nicht über Bürgersteige oder Schwellen laufen und auch nicht an Mauervorsprüngen vorbeigehen darf, ohne dass das richtige Gefühl dabei entsteht. Er musste Bewegungen stets drei-, vier- oder fünf Mal ausführen, so lange, bis sich das richtige Gefühl einstellte. Erst dann konnte er weitergehen. Das Gleiche wiederholte sich mit Pflastersteinen, Trennlinien, Fußgängerstreifen und anderen alltäglichen Hindernissen. Ich habe mit ihm eine Innere Berührung zu diesem »zwanghaften Gefühl« gemacht. Danach habe ich ihn für eine halbe Stunde alleine in die Stadt geschickt und ihn gebeten, dann zurückzukommen. Er berichtete, dass er entspannt und ohne dieses zwanghafte Gefühl in der Stadt umhergehen konnte. Er ist über Bürgersteige und Linien gegangen und hat sich dabei frei gefühlt und nicht mehr darauf geachtet.

Eine junge Frau kam in die Praxis, weil sie große Angst vor Hunden hatte. Bereits der Gedanke, dass ein Hund ihr begegnen könnte, versetze sie in einen angespannten Zustand. Fast jedes Mal, wenn ein Hund sich näherte, musste sie die Straßenseite wechseln. Zu diesem Zeitpunkt wohnte sie in einem Mehrfamilienhaus mit einem schmalen Treppenhaus. Da mehrere Hundebesitzer im Haus wohnten, wurde sie fast täglich mit ihrer Angst konfrontiert. Sie bearbeitete die »Angst vor Hunden« mit der Inneren Berührung. Unmittelbar danach konnte sie komplett entspannt an Hunde aller Art denken und freute sich sogar darauf, einen Hund zu streicheln. Bereits zwei Tage später schrieb sie eine begeisterte Email. Seit der Inneren Berührung begegnet sie allen Hunden komplett entspannt und hat tatsächlich verschiedene Hunde gestreichelt.

Ein weiteres eindrückliches Beispiel ereignete sich in einem Seminar. Auf die Frage, wer ein Thema bearbeiten möchte, meldete sich eine Frau, die Angst vor Luftballons hatte. Sie berichtete, dass ein Luftballon, wenn sie nur daran denkt – und besonders an die Möglichkeit, dass er zerplatzen könnte –, große Angst bei ihr auslöst und sie weder den Geruch des Gummis von Luftballons, noch die Berührung damit ertragen kann. Nach kurzer Zeit stellte sich zudem heraus, dass sie, wenn möglich, größere Veranstaltungen, Einkaufszentren und vor allem Kindergeburtstage mied, weil da oft Luftballons verteilt werden. Da sie jedoch beruflich mit Kindern arbeitet, war dies fast unmöglich. Ich habe mit ihr eine Innere Berührung zu dieser »Angst vor Luftballons« gemacht. In der Pause haben wir einen Luftballon besorgt, um das Resultat gleich zu testen. Die Frau hat schrittweise zuerst den Luftballon betrachtet, berührt und dann daran gerochen. Das Beste war, als sie ihn in ihren Händen und einer Schere zum Platzen brachte, blieb sie dabei völlig ruhig. In dem Moment hat sie geweint vor Freude und Erleichterung. Es wurde sichtbar, welch große

Last von ihr gefallen war und wie viel Freiheit sie in ihrem Alltag dadurch gewonnen hat.
Ein Mann berichtete, dass er große Angst davor hat, sich verbindlich auf etwas einzulassen. Er kannte dies aus Beziehungen, auf der Suche nach einer festen Arbeitsstelle, bei langjährigen Freundschaften oder wenn er über längere Zeit am gleichen Ort wohnte. Im Verlaufe seines Lebens hat es ihn unter anderem deshalb immer wieder auf Reisen getrieben. Zu diesem Zeitpunkt war er kurz davor zu heiraten und wurde jeden Tag von Fluchtgedanken und Angst gequält, obwohl er seine zukünftige Frau liebte. Er hat zu dem Thema »Angst vor Verbindlichkeit« eine Innere Berührung gemacht. Unmittelbar danach war es ihm auf einmal möglich, sich auf seine bevorstehende Hochzeit zu freuen, und er konnte es sich nicht mehr vorstellen davonzulaufen. Ein halbes Jahr später schrieb er eine E-Mail und berichtete, dass er glücklich verheiratet ist und seine Frau ein Kind von ihm erwartet.
Eine Frau berichtete, dass sie »Angst hat, ihr (spirituelles) Bewusstsein zu verlieren«. Sie hat sich über Jahrzehnte gewundert, weshalb sie sich nicht ganz auf das Leben einlassen konnte, obwohl sie es sich wünschte. Immer wieder zog sie sich von Menschen zurück, selbst dann, wenn sie den Kontakt sehr schätzte. Sie konnte in ihrem Beruf oder für ihre Hobbys keine Freude empfinden, weil sie beim Gedanken daran stets ein Gefühl von Sinnlosigkeit verspürte. Das Einzige, was für sie Sinn machte, war zu meditieren und sich dem Göttlichen zuzuwenden. Trotzdem war ihr klar, dass sie nicht in ein Kloster gehen möchte. Im Gespräch merkte sie, dass sie aus irgendeinem Grund Angst davor hatte, das (spirituelle) Bewusstsein zu verlieren, wenn sie sich auf ganz alltägliche Dinge einlässt wie Beruf, Beziehung, Hobbys und andere Dinge, die nicht auf den ersten Blick dem feinstofflichen und spirituellen Bereich angehören. Sie hatte Angst davor, sich auf das

Leben einzulassen, weil sie ihr spirituelles Bewusstsein nicht verlieren wollte. Nach der Inneren Berührung war die Angst verschwunden. Sie machte die Erfahrung, dass ihr Bewusstsein immer genau gleich vorhanden war, egal was sie tat oder wen sie traf, und dadurch hat sie angefangen, ihren Alltag und ihr Leben zu genießen.

Themen

Die Innere Berührung kann bei unzähligen Thematiken angewendet werden. In diesem Kapitel findest du eine Sammlung von Themen, die bereits mit einer Inneren Berührung bearbeitet wurden. Diese Zusammenstellung ist keine vollständige Liste. Vielmehr soll sie dir Ideen geben, in welche Richtungen du arbeiten könntest. Du kannst sie beliebig erweitern. Die meisten Themen sind übergeordnet formuliert und brauchen eine Konkretisierung. Dazu findest du später ein separates Kapitel. Das Thema, welches du bearbeiten möchtest, soll auch in der Benennung für dich persönlich zutreffen. Dies ist für die Innere Berührung wichtig. Zusätzlich zu dieser Themensammlung findest du in den folgenden Kapiteln des Buches verschiedene weitere Beispiele aus der Praxis.

Wichtig zu wissen ist, dass du mit der Inneren Berührung negative Resonanzen jeder Art bearbeiten kannst, sei das Thema körperlich, emotional, mental oder spirituell. Die Technik funktioniert oft auch sehr gut, wenn sich verschiedene Themen in deinem Leben zeigen und du das Gefühl hast, dass sie einen Zusammenhang haben, du diesen aber nicht wirklich greifen kannst. Dazu findest du in den folgenden Kapiteln ebenfalls weitere Hinweise.

Die Themen sind eingeteilt in eher physische, emotionale, mentale und spirituelle, damit der Überblick erleichtert wird.

Körperliche Themen: Schmerzen verschiedenster Art, Verspannungen verschiedenster Art, dauerhafte erhöhte Grundanspannung, Dauerblockierungen (z.B. in Wirbeln, Gelenken), Wirbelsäulenthematiken, Versteifungen von Körperteilen, Unbeweglichkeit, Hitzewallungen, Verwachsungen, Halux, Krebs, Darmprobleme, Reizdarm, Haarausfall, Hautprobleme wie Neurodermitis und Rosazea, »Schamesröte«, übermäßige Schweißausbrüche, übermäßiger Körpergeruch, Allergien verschiedenster Art, Unverträglichkeiten verschiedenster Art, Essstörungen, Übergewicht, Alkoholismus und andere Suchterkrankungen, Probleme mit der Sexualität wie Verkrampfung der Geschlechtsorgane, Menstruationsschmerzen, Impotenz u.v.m.

Emotional - mentale Themen: Schuldgefühle, Abgrenzungsprobleme, schlechtes Gewissen; Ängste verschiedenster Art: Angst vor Verlust, Angst vor Entscheidungen, Angst nicht geliebt zu werden, Angst nicht zu genügen, Angst abgelehnt zu werden, Angst verlassen zu werden, Angst zu versagen, Angst vor Verantwortung, Angst vor Schmerz, Angst vor Bindung, Angst vor Loslassen, Existenzangst, Angst vor Gewalt, Angst vor Bestrafung, Prüfungsangst, Flugangst, Angst vor Hunden, Angst vor Spinnen u.v.m.
Gefühle wie Wut, Aggression, Hass, Unsicherheit, Überforderung, Ungeduld, Traurigkeit, Trauer, Schwere, Last, Leid, Schmerz, Ekel, Unzufriedenheit, Unglücklichsein, Druck, Unruhe, innerer Kampf, Widerstände verschiedenster Art, Enge, negative Gefühle, die Menschen über Jahre mit sich herumtragen, Burn-out-Symptome, verschiedene Arten von Stress, innere Unruhe, Getriebensein u.v.m.

Mental - spirituelle Themen: Angst vor dem Leben, Angst hier (auf der Erde) zu sein, Ablehnung des Lebens, Wut auf »Gott«, Angst vor der eigenen Kraft, Angst vor der eigenen Macht, »Eremitengefühle«, Angst vor dem Bösen, Erdungsthematiken verschiedenster Art, Gefühl von Verlorensein, Schuldgefühle, schlechtes Gewissen, Widerstände gegen positive Kräfte und Energien verschiedenster Art, Gefühl der Isolation, Gefühl vom Abgeschnitten-/Abgetrenntsein u.v.m.

Weitere Resonanzfelder: negative Resonanzen auf andere Menschen (sei dies Wut, Ärger, Traurigkeit oder so etwas wie Schmatzgeräusche beim Essen), Resonanzen auf Lebenssituationen (nicht loslassen können, in schlechten Gefühlen hängen bleiben, nicht abschließen können), Resonanzen auf die Arbeitsstelle (Arbeit an sich, Mitarbeiter, Chef), Resonanzen auf Musik, Resonanzen auf Filme (die z.B. schlechte Gefühle hinterlassen haben), Nahrung, Unverträglichkeiten, Elektrosmog, Strahlung, Resonanz auf Gerüche und Geschmack wie zum Beispiel auf Ei oder Zitrone, Angst vor schädlichen Stoffen (Gift, Zusatzstoffe u.a.) u.v.m.

Alles, was uns umgibt, kann Resonanzen auslösen. Du kannst auch einfach einmal eine Zeitung oder ein Magazin lesen mit dem Fokus auf deine eigenen Gefühle und Gedanken dazu. Manchmal entdeckt man dabei die erstaunlichsten Resonanzen bei sich selber.
Jede gelöste Resonanz bringt ein Stück mehr Freiheit und hat eine positive Auswirkung, die viel größer und umfassender ist, als man mit dem bewussten Verstand erfassen könnte. Du kannst auch Dinge bearbeiten, von welchen du noch nie gehört hast. Im weiteren Verlauf des Buches wirst du zum Thema »Schweißausbrüche beim energetischen Arbeiten« dazu ein Beispiel finden.
Nimm auch jene Themen für eine Innere Berührung, an welchen du bereits lange arbeitest und dennoch nichts den entscheidenden

Durchbruch gebracht hat. Schon oft haben mir Menschen erzählt, dass die Innere Berührung in solchen Fällen der entscheidende Schritt war. Bereits hier als Hinweis: Mit der Inneren Berührung kannst du ebenso positive Dinge bearbeiten, Dinge, von denen du in deinem Leben gerne mehr haben möchtest. Das heißt, du bearbeitest nicht wirklich das Positive, sondern das, was diesem entgegensteht.

2 | Alles ist Energie

Viele Menschen denken, dass sie Energie nur mit einer speziellen Ausbildung wahrnehmen können. Das stimmt nicht. Wie neueste Forschungen aus dem Bereich der Physik zeigen, besteht alles, was existiert, aus Energie. Jeder Mensch reagiert täglich bewusst oder unbewusst auf die Energie von Dingen, Menschen, Ereignissen, Orten und vielen anderen Dingen. Energien bewusst wahrzunehmen ist viel einfacher, als man sich das vorstellt. Es ist der eigene Fokus, der bestimmt, ob etwas als Energie wahrgenommen wird oder nicht. Der leichteste Weg, die Wahrnehmung für Energien zu schulen, ist, Energien in sich selber zu beobachten. Das Wunderbare daran ist: Beginnt man die eigenen Energien wahrzunehmen, kann man sie bewusst verändern.

Dein Körper ist die dichteste Form deiner Existenz und dein Wahrnehmungsinstrument. Immer wenn du etwas erlebst, entstehen entsprechend deiner unbewussten Muster und Prägungen Reaktionen und Empfindungen in deinem Körper. Jedes Thema, das du als negativ oder hindernd erlebst, erzeugt auf irgendeine Art auch negative und hindernde Gedanken, Gefühle, Körperreaktionen und Verhaltensmuster. Dies alles sind Energien, die in dir entstehen und in dir und deinem Leben wirken. Jeder Gedanke, jedes Gefühl und jede Empfindung in dir entsteht in deiner eigenen Energie, ganz egal durch was es ausgelöst wurde. Wenn du eine Innere Berührung machst, dann sind diese wahrnehmbaren Reaktionen zu einem Thema in deinem Körper von Bedeutung.

Es ist nicht möglich, dass jemand sagt »Ich habe Angst vor Dunkelheit, aber ich fühle nichts« oder »Ich habe ein schmerzendes Knie, aber ich nehme es nicht wahr«. Denn wenn es so wäre, dann wäre es kein Thema

dieser Person. Warum sollte jemand über seine Ängste nachdenken, wenn er keine fühlt? Und dieses Gefühl der Angst ist körperlich wahrnehmbar.
Wenn du merkst, dass du ein Thema hast, welches du bearbeiten möchtest, frage dich:
»Welche körperlichen Auswirkungen fühle ich? Welche Gefühle und Gedanken entstehen in mir, wenn ich daran denke? Welches Verhalten resultiert daraus? Und wo spüre ich das in mir?«

Übung:
Denke gerade jetzt einmal an ein Thema von dir und stelle dir diese Fragen:
»Welche körperlichen Auswirkungen fühle ich? Welche Gefühle und Gedanken entstehen in mir, wenn ich daran denke? Und wo spüre ich das in mir?«

Nimm all die Reaktionen feststellend wahr, ohne sie zu bewerten. Sie sind so wie sie sind. Wenn da Schmerz ist, ist da Schmerz. Wenn Angst da ist, ist Angst da. Einfach feststellen, ohne zu bewerten.
All diese körperlich wahrnehmbaren Reaktionen und Empfindungen sind Energien, die irgendwo in deinem Körper ihren Kern haben. Um diesen Kern der Energie zu finden, legst du deinen Fokus einfach auf die Energie von zum Beispiel dem Schmerz oder der Angst und folgst dieser Energie in deinem Körper. Du kannst der Energie folgen wie einem Faden oder einem kleinen Fluss, bis du beim tiefsten Kern ankommst. Oft unterscheidet sich der tiefste Kern von zum Beispiel einer schmerzenden Stelle oder einem zusammengeschnürten Magen bei schlechten Gefühlen.
Du kannst auch einen Körperteil wahrnehmen, der zurzeit verspannt ist oder schmerzt. Lege deinen Fokus zuerst auf den Schmerz oder

Deine Energie ist veränderbar

die Verspannung, und dann lege ihn bewusst auf die Energie von zum Beispiel der Verspannung. Schau, wo diese Energie in deinem Körper hingeht und wo sie ihren Kern hat. Es ist ein Unterschied, ob der Schmerz oder die Energie des Schmerzes wahrgenommen wird, und diesen Unterschied machst du mit deinem Fokus.

Alles, was in deinem Leben auftaucht, bewusst oder unbewusst, lässt in dir Energien entstehen und fließen. Diese Energien sind deine eigenen Resonanzen, die sich zeigen, seien diese körperlich, emotional oder gedanklich wahrnehmbar.

Deine eigene Energie – was dich insgesamt ausmacht – wird von deinen bewussten sowie unbewussten mentalen Haltungen und Gedankenstrukturen, von Gefühlen und Einstellungen geprägt und geformt. Diese Prägungen, positive wie negative, entstehen in deinem Unbewussten durch Erlebnisse und Begegnungen während deines ganzen Lebens. Sie bestimmen, wie du Situationen beurteilst, dich selber betrachtest, wie du handelst, und ob du dich in deinem Leben frei oder eingeengt fühlst. Auch deine Körperempfindungen werden davon bestimmt. Weshalb sich die einen Dinge einprägen und die anderen nicht, weiß man nicht. Es geschieht im Unbewussten. Weil die Prägungen aber in der eigenen Energie entstehen, können sie genauso plötzlich, wie sie entstanden sind, auch wieder vergehen, und du hast jederzeit die Möglichkeit, sie über dein Bewusstsein zu verändern.

Wir sehen und erleben die Welt so, wie unsere Energie beschaffen ist. Veränderst du über dein Bewusstsein deine Energie und damit das Denken und Fühlen auf einer tiefen Ebene, verändert sich dein Leben.

Wohin möchtest du gehen?

Veränderung geschieht in jedem Moment. Das Leben selber ist Veränderung. Die Frage ist nur, in welche Richtung wir uns verändern. Wie entfaltet sich das eigene Leben von diesem Moment an? Denn alles, was du bist, und alles, was sich in deinem Leben zeigt, existiert immer nur in diesem jetzigen Moment. Hindernde Prägungen und Muster halten uns an der Vergangenheit oder in der Zukunft fest und verhindern den Zugang zu der Kraft des jetzigen Moments.

Mit jeder Inneren Berührung zu einem bestimmten Thema stellst du den Kontakt zu deinem wahren Inneren wieder her, zu mehr innerem Gleichgewicht, Harmonie, innerer Kraft, Ordnung und vielem mehr. Dies geschieht, indem du alle hindernden Resonanzen zu diesem Thema und damit in deiner Energie löst. Dabei macht es keinen Unterschied, ob das Thema körperlich, emotional, mental oder spirituell ist. Denn egal auf welcher Ebene, eine positive Veränderung im eigenen Leben ist immer zuerst eine positive Veränderung in dir. Diese geschieht aus dem natürlichen Fluss heraus. Viele Menschen berichten, dass sich ihr Denken und Fühlen in Bezug auf ein bestimmtes Thema nach einer Inneren Berührung vollständig verändert haben. War vorher noch Angst in den Gedanken und im Fühlen, blieb hinterher ein neutrales, gutes Gefühl. Viele erzählen auch, dass sich Schmerzen und körperliche Blockaden plötzlich aufgelöst haben. Löst du die hindernden Resonanzen in dir, löst sich das Thema, und es wird dir möglich, dich selber neu zu erleben.

Resonanzen in dir

Solange wir leben, sind wir eingebunden in ein größeres Ganzes und ständig im energetischen Austausch mit unserer Umwelt. Mit Menschen, Tieren, Dingen, Begebenheiten – mit allen Dingen, die uns umgeben. Alle Begegnungen und Erlebnisse erzeugen Resonanzen in uns. Auch Erinnerungen an Ereignisse erzeugen Resonanzen. Es sind unsere inneren und äußeren Reaktionen, in Form von Gedanken, Gefühlen, Verhaltensmustern und Körperempfindungen.

Welche Resonanzen aufgrund eines Ereignisses oder einer Erinnerung entstehen, entscheidet sich in der eigenen Energie. Je nachdem, welche Muster, Prägungen und Gedankenstrukturen darin gespei-

chert sind, entstehen positive, neutrale oder negative Resonanzen in dir. Dies passiert auf einer unbewussten Ebene und von alleine. Vielleicht kennst du die Situation, dass du dich über deine eigenen Verhaltensweisen wunderst oder erst nach einer Begegnung merkst, dass du verspannt bist. Alles, was dir begegnet, und all deine Themen, die du trägst, erzeugen Resonanzen in dir. Auch dein eigener innerer Dialog ist dadurch geprägt. Beobachte einmal, wie du dich in bestimmten Situationen selber betrachtest, wie du über dich denkst und mit dir selber sprichst.
Grob eingeteilt gibt es drei Arten der Resonanz, die in dir und deinem Leben entstehen können: eine positive, eine negative und eine neutrale.

Positive und neutrale Resonanzen in dir

Sie haben die Eigenschaft, dass deine eigene Energie in Harmonie und im Fluss bleibt. Positive Resonanzen erkennst du daran, dass in dir Gefühle und Gedanken von zum Beispiel Freude, Liebe, Geborgenheit, Freiheit, Selbstvertrauen, Verbundenheit mit dir selber und anderen, Lebendigkeit und vieles andere mehr entstehen. Das Gedankenfeld bleibt klar und weit. Verschiedene Perspektiven einzunehmen ist in diesem Zustand viel leichter. Der entscheidende Punkt jedoch ist, dass das eigene Verhalten frei wird. Du kannst wählen, wie du reagieren möchtest. Meistens fühlt sich auch der Körper entspannt und angenehm an, selbst dann, wenn man krank ist. Es müssen nicht positive und schöne Dinge im Leben geschehen, damit positive Resonanzen entstehen. Es können genauso positive Resonanzen entstehen, wenn die Umstände außerhalb von dir alles andere als angenehm sind.

Neutrale Resonanzen tauchen im Zusammenhang mit der Inneren Berührung häufig auf. Sie lassen dich gelassen und ruhig mit Situationen umgehen. Egal was war, die Situation hat in diesem Fall für dein individuelles Empfinden weder eine besonders positive noch eine negative Wirkung. Auf einer tieferen Ebene fließen dabei Energien von »in Frieden sein«, »in Harmonie sein« oder Neutralität. Neutrale Resonanzen entstehen zum Beispiel oft im Rückblick auf das eigene Leben. Wenn herausfordernde oder schlimme Ereignisse vollständig verarbeitet wurden, dann ist der Rückblick darauf von neutralen Gefühlen und Gedanken geprägt. Es entsteht das tiefe Wissen »Dies ist in meinem Leben geschehen, es war schlimm, aber es liegt in meiner Vergangenheit und hat keine Auswirkungen mehr auf meine Gegenwart«. Das Geschehene ist vollständig verarbeitet und als Erfahrung im eigenen Leben und Sein integriert.
Entstehen positive und neutrale Resonanzen in dir, bleibt das eigene Empfinden weit und offen. Dadurch entsteht die Freiheit, deine eigenen Reaktionen wählen zu können, anstatt von hindernden Mustern und Prägungen in eine bestimmte Richtung gezwungen zu werden. Trotzdem bedeutet ein positiver, harmonischer Lebensfluss nicht, dass keine Hindernisse oder Schwierigkeiten auftauchen. Es ist dein eigener Umgang mit den Schwierigkeiten, der den Unterschied macht. Es ist nicht entscheidend, was passiert, sondern wie du damit umgehst. Paradoxerweise ist es möglich, dass auch in schwierigen Situationen neutrale oder sogar gute Gefühle entstehen können. Einfach weil du dir bewusst wirst, dass du mit der Situation umgehen kannst. Vielleicht sind plötzlich Klarheit, Abgrenzung, Verständnis, Stabilität oder Selbstbewusstsein zugänglich, weil keine hindernden oder negativen Resonanzen wirken. Eine Frau hat neulich erzählt, dass bei ihr zu Hause eingebrochen wurde. Sie hat nachgeschaut, welche Dinge

fehlen, und hat bemerkt, dass die Einbrecher ihren Schmuck mitgenommen haben. Es war eine große Sammlung von Gold- und Silberstücken. Sie ist nicht wütend oder ängstlich geworden. Im Gegenteil, sie hat erzählt, dass sie froh ist, dass die Schmuckstücke nicht mehr in ihrem Besitz sind. Auch das Eindringen in ihre Privatsphäre hat keine unangenehmen Gefühle ausgelöst. Sie sagte, dass sie der Überzeugung ist, dass ihr das nicht mehr passiert. Zudem habe sie die Stücke seit Jahren nicht mehr getragen und sei froh, wenn sich nun jemand anderes darüber freut. Anstatt sich auf den Verlust oder die Gefahr zu fokussieren, hat sie den positiven Aspekt betrachtet. Hätte diese Frau innere Resonanzen zu den Themen »Angst vor Verlust« oder »Angst vor einem Überfall« in sich getragen, dann wäre ihr inneres Empfinden auf diese Situation ein komplett anderes gewesen.

Es ist nicht die Situation, die sich ändern muss, sondern die eigenen Empfindungen dazu. Denn dann kann es sein, dass die eigene Energie in einer unangenehmen Situation trotzdem in Fluss und Harmonie bleibt.

Oft weiß man allerdings erst nach einer Begebenheit oder Begegnung, dass man negative Resonanzen trägt. Das macht nichts. In diesem Fall zeigt dir die Begebenheit das Thema, das in dir schlummert, und du kannst es gleich auflösen.

Negative Resonanzen in dir

Entstehen negative Resonanzen in dir, wird die eigene Energie immer in irgendeiner Art und Weise blockiert, was die Handlungsmöglichkeiten einschränkt. Jedes für dich hinderliche oder negative Thema erzeugt auch negative Resonanzen in dir.

Störende oder negative Resonanzen auf etwas oder jemanden bemerkt

man meistens schnell. Oft genügt der Gedanke an ein Erlebnis, ein Ding, einen Menschen oder eine Krankheit, und man merkt, dass auf körperlicher, emotionaler oder mentaler Ebene Aufregung, Ängste, Verspannung, Einengung, Wut, Traurigkeit, Schmerz, Enge, Abneigung, Ekel, Enttäuschung oder etwas anderes entsteht. Die Gedanken und Gefühle kreisen förmlich um das Thema, sobald es angesprochen wird.
Viele Menschen beginnen aufgrund von negativen Resonanzen Vermeidungsstrategien auszuhecken. Sie vermeiden Orte, Menschen, Situationen oder Nahrungsmittel, damit die unangenehmen Gefühle und Gedanken möglichst nicht entstehen.
Dies mag eine Weile funktionieren, aber bei genauerem Betrachten sind es Einschränkungen der eigenen Freiheit und der inneren Gelassenheit, die oft auch auf andere Lebensbereiche abstrahlen – wie bei der Frau mit der Angst vor Luftballons. Sie ist zu keinen Kindergeburtstagen und Einladungen mehr gegangen, aus Angst, es könnten Luftballons in der Nähe sein. Die Angst war so groß, dass sie gezwungen war, zu Hause zu bleiben. Sobald sie die Angst aufgelöst hatte, entstand in ihr die Freiheit, entspannt zu einem Fest gehen zu können. Und wenn sie trotzdem lieber zu Hause bleiben möchte, dann nicht, weil sie sich gezwungen fühlt, sondern weil es ihre freie Entscheidung ist, hinzugehen oder nicht. Oder die Frau mit den Knieschmerzen. Sie hat darauf geachtet, dass sie weder zu schnell geht noch springt noch sonst irgendwie ihre Beine falsch bewegt. Obwohl sie für sich eine Lösung gefunden hat, wie sie mit den Schmerzen umgehen kann, oder besser gesagt, wie sie sie vermeiden kann, war sie trotzdem den ganzen Tag damit beschäftigt, alles richtig zu machen, damit das Problem nicht wieder zurückkommt. Schöner und freier ist es, wenn die ganzen Vermeidungshaltungen und Schonstrategien gar nicht mehr nötig sind, weil das Problem auf einer tieferen Ebene gelöst ist.

Es gibt viele Dinge, die uns täglich umgeben und die als unangenehm oder schädlich wahrgenommen werden können und zum Teil massive Resonanzen auslösen. Sei dies Zigarettenrauch, Geschrei, unangenehme Mitarbeiter, Luftballons, Blütenpollen, Druck bei der Arbeit, Handystrahlung und anderer Elektrosmog, Schmatzgeräusche von Mitmenschen, Filme und Musik, Giftstoffe, Nahrungsmittelunverträglichkeiten und vieles andere mehr. Die meisten Menschen kennen aus dem Alltag die einen oder anderen Dinge, die schlechte Gefühle erzeugen oder sogar Körperreaktionen zur Folge haben. Eine junge Frau hat mir erzählt, dass sie sehr anfällig auf Geräusche jeder Art war, auch auf sehr leise Geräusche wie zum Beispiel das Klingeln eines Weckers in der Wohnung nebenan. Das für sie Unangenehme war aber nicht das Geräusch an sich, sondern dass sie nicht weghören konnte und sich mit der Zeit über jedes Geräusch geärgert hat und am Abend öfter nicht schlafen konnte. So kam es, dass sie mehrere Male umgezogen ist, weil sie die Geräusche der Nachbarn nicht ausgehalten hat, obwohl diese nicht besonders laut waren. Nachdem sie ein Seminar zur Inneren Berührung besucht hat, löste sie ihre Resonanzen auf die Nachbarschaftsgeräusche auf. Seither hört sie immer noch sehr gut, kann die Geräusche aber ohne Mühe ausblenden, hat keine schlechten Gefühle mehr und kann auch bei Geräuschen schlafen.

Es gibt immer die Möglichkeit, Dinge zu vermeiden. Je nach dem Problem, das vermieden wird, bedeutet dies aber einen großen Aufwand und oft auch Verzicht. Je mehr Vermeidungshaltungen entstehen, umso anstrengender wird der Alltag. Viel einfacher ist es, die eigene negative Resonanz aufzulösen. Mit jeder Resonanz, die du auflöst, entsteht ein großes Stück mehr innere Freiheit und Gelassenheit.

Eine andere weitverbreitete Taktik ist der Glaube »Bei mir ist das halt so« oder »Daran kann man nichts ändern« oder »Schmerz gehört zum

Leben«. An der Situation an sich kann man tatsächlich nichts ändern, und daran, dass im Leben schmerzhafte Situationen entstehen, auch nicht. Was man aber immer ändern kann, ist der eigene Umgang damit. Es ist immer möglich, das Thema zu bearbeiten und das Positive daran zu integrieren, um sich selber zu helfen, wieder in die eigene Mitte zurückzufinden.

Kampf und Widerstand

Widerstand gegen etwas oder jemanden ist eine weitverbreitete Art der negativen Resonanz. Widerstand gegen eine Person am Arbeitsplatz, Widerstand gegen das Leid in der Welt, Widerstand gegen reiche Menschen, Widerstand gegen Bevormundung, Widerstand gegen Dominierung von außen, Widerstand gegen den Chef, Widerstand, ein Referat zu halten, Widerstand gegen sich selber oder seine Fähigkeiten u.v.m. Oft entstehen Gedanken wie »Wenn ich keinen Widerstand mache, dann ändert sich nichts«, »Wenn ich den Widerstand aufgebe, dann werde ich überrollt«, »Wenn ich den Widerstand aufgebe, dann verliere ich«. Es ist aber nicht der Widerstand und der innere Kampf, der die Veränderung bringt, im Gegenteil. Widerstand und Kampf erzeugen Druck gegen das, was abgelehnt wird. Durch das Dagegenhalten wird aber immer auch eine Enge im eigenen Empfinden erzeugt. Das ist, als wenn man mit aller Kraft eine Tür zuhält und sich im gleichen Moment wünscht, dass sich die Tür öffnet, damit man den anderen Raum betreten kann. Die Enge entsteht durch die bindende Kraft des Widerstands. Die eigene Energie folgt dem Fokus und wird an das gebunden, was man eigentlich gar nicht im Leben haben möchte. Das Abgelehnte wird sozusagen vom eigenen Fokus festgehalten. Es entsteht ein Energieverlust, und die Lösung bleibt aus.

Solange man im Kampf gegen etwas ist, kann keine innere Freiheit oder Veränderung entstehen. Es ist ein großer Unterschied, ob man etwas Gutes für sich selber oder in der Welt bewirken möchte, weil man im Kampf dagegen ist oder weil erkannt wird, dass etwas falsch läuft und man aus einer inneren Gelassenheit heraus handeln kann. Im Idealfall bleibt die eigene Energie und damit das Denken und Fühlen frei. Dies bedeutet keinesfalls Gleichgültigkeit, sondern ist der ideale Zustand, um kraftvoll zu handeln.

Eine junge Frau kam in die Praxis und erzählte, dass sie eine massive Resonanz gegen Elektrosmog hat und dass sie das belastet. Sie berichtete, dass sie jedes Mal, wenn sie nur an das Thema denkt, einen Wutanfall bekommt. Was dann auch gleich passierte. Sie ärgerte sich so sehr, dass ihr fast die Luft wegblieb und sich der ganze Körper anspannte. Sie erzählte, dass es ihr Traum ist, Orte zu erschaffen, die frei von Handystrahlung und WLAN-Netzen sind, weil sie überzeugt sei, dass diese eine schlechte Wirkung auf den Menschen haben. Sie war sich aber auch bewusst, dass sie viel Kraft und Energie verliert, wenn sie sich den ganzen Tag ärgert und kämpft. Sie hat den Kern der Resonanz auf Elektrosmog aufgelöst und war absolut überrascht, dass sie danach völlig entspannt an Elektrosmog denken konnte. Sie konnte sich sogar vorstellen, in einem Notfall direkt neben einer Mobilfunkantenne zu übernachten, und hatte kein schlechtes Gefühl dabei. Sie sagte verwundert: »Gut finde ich es immer noch nicht, aber da ist keine Wut und auch keine Angst mehr.« Denn auch ihre eigene Angst vor der Schädlichkeit der Strahlung war verschwunden. Sie war sehr glücklich und fühlte sich aus dieser Entspannung heraus in der Lage, ihren Traum zu verfolgen. Sie sagte: »Jetzt kann ich meinen Traum umsetzen, weil es mir ein echtes Anliegen ist, eine natürliche Erholungsoase ohne Strahlung zu schaffen, und nicht, weil ich dagegen kämpfen muss.«

Widerstand entsteht häufig auch im Zusammenhang mit Dingen, die man sich für das eigene Leben wünscht. Viele Menschen wissen genau, was sie wollen, haben aber einen inneren Widerstand dagegen. Anstatt das Positive anzuziehen, ziehen sie das an, was sie eigentlich nicht möchten. Ein einfaches, aber gut ersichtliches Beispiel ist finanzielle Fülle. Wenn sich jemand finanzielle Fülle wünscht, aber einen inneren Widerstand gegen reiche Menschen hat, ist es fast nicht möglich, Fülle anzuziehen. Denn die Menschen, die abgelehnt werden, verkörpern genau das, was man im eigenen Leben haben möchte. Wie kann man finanzielle Fülle im eigenen Leben anziehen, solange man Widerstand dagegen empfindet? Viel einfacher und schöner ist es, die eigenen Resonanzen aufzulösen, damit Fülle im eigenen Leben entstehen kann.

Die Innere Berührung basiert unter anderem auf genau diesem Grundsatz. Das Ziel ist, etwas im eigenen Leben zu erkennen und zu verändern, ohne dagegen zu kämpfen oder es abzulehnen.

Widerstand gegen »Negatives«

Oft lösen Resonanzen auf tatsächlich negative Dinge ebenfalls Widerstand und Kampf aus. Aber auch diese Resonanzen aufzulösen, sei dies in Bezug auf Gewalt, Tierquälerei, Hass, Aggression und viele andere Dinge, ist unglaublich wertvoll. Nicht weil man sie im Leben haben möchte, auf keinen Fall, sondern um innerlich frei davon zu werden. Denn auch Resonanzen auf negative Dinge, meistens in Form von Angst davor oder Widerstand dagegen, binden die eigene Energie.
Wenn du zum Beispiel eine Resonanz auf Gewalt hast und dir schon beim Gedanken daran angst und bange wird, dann ist es sinnvoll, diese zu lösen. Nicht damit Gewalt dann plötzlich in deinem Leben auftaucht oder du Gewalt nach der Auflösung super findest. Der Widerstand dagegen und die Angst davor werden gelöst. Sich davon fernzuhalten, gründet danach nicht mehr auf einer Angst, sondern weil man Gewalt schlicht und einfach nicht in seinem Leben haben möchte. Die Entscheidung kann somit neutral und aus einem freien inneren Gefühl heraus getroffen werden.

Widerstand gegen »Positives«

Resonanzen auf positive Dinge, das klingt zunächst merkwürdig. Jeder Mensch wünscht sich positive Qualitäten und Ereignisse in seinem Leben. Sei dies Glück, Liebe, Freiheit, Freude, Freundschaft, Erfüllung, Fülle, Erfolg, Leichtigkeit, Anerkennung, Verbundenheit, Gelassenheit, Gesundheit u.v.m. Manchmal sind es aber genau diese Dinge, die am meisten Angst auslösen: Angst vor der Liebe zum Beispiel oder Angst vor Freiheit oder Angst vor Erfüllung. Eine besonders verbreitete Resonanz ist auch die auf Leichtigkeit und Veränderung. Trägt man diese Resonanzen im Energiefeld, kann es gut sein, dass Veränderungen schmerzhaft und schwer sind und Mühe machen.

Negative Resonanzen auf das Positive erzeugen in der eigenen Energie gleichermaßen Enge, Unterbrechung und Blockierung wie negative Resonanzen.

Frage dich an dieser Stelle einmal: »Wie viel Liebe, Freude, Erfüllung, Freiheit und Glück gönne ich mir wirklich? Wie viel Liebe, Freude, Glück, Freiheit und Erfüllung kann ich einfach so annehmen, ohne etwas dafür zu tun?«

Wenn du merkst, dass sich irgendwo in deinem Fühlen oder Denken etwas meldet, das dir sagt: »Das darfst du nicht, das kannst du nicht, du bist es nicht wert«, oder sich einfach Widerstand dagegen regt, dann frage dich: »Welche Gefühle und Gedanken stehen dem entgegen, was ich in meinem Leben haben möchte?«

Positive Energien sind immer da. Das Leben ist voll damit und das Leben meint es gut mit dir. Die Frage ist, wie viel davon kannst du annehmen, einfach nur deshalb, weil es dich gibt?

Übung

Betrachte dich und dein Leben und frage dich: »Wo habe ich Resonanzen, gefühlsmäßig und wenn ich darüber nachdenke? Und wo in deinem Körper nimmst du die Auswirkungen wahr?«

Bei negativen Themen bemerkst du die Resonanzen, wenn etwas in dir blockiert, sich staut, dich hemmt oder negative Gefühle auftauchen.

Wenn du überprüfen möchtest, ob du negative Resonanzen auf Positives hast, merkst du es entweder auf die gleiche Art wie bei den negativen oder du stellst dir vor, dass ein Fluss von genau dieser positiven Energie durch dich hindurchfließt, und schaust, wo in dir der

Fluss blockiert oder stoppt. Fließt er ganz durch, dann fließt auch das Thema in deinem Leben und kann sich entfalten.
Es gibt auch störende Resonanzen auf Begebenheiten oder Dinge, die man nicht so deutlich merkt. Zum Beispiel bei Krankheiten oder Prägungen, die man schon sehr lange hat. In solchen Fällen zeigen sich die Resonanz und die Auswirkung, wenn man über die Einschränkungen im eigenen Alltag nachdenkt. Entstehen beim Nachdenken Gefühle von Wut, Hilflosigkeit, Traurigkeit oder andere, dann sind dies Resonanzen zu diesem Thema. Und man kann sich dann entscheiden: Möchte ich diese Gefühle zu diesem Thema behalten oder möchte ich sie bearbeiten?
Egal welche Resonanz du bearbeitest, es ist immer deine Entscheidung, es zu tun oder es nicht zu tun. Oft braucht man viel Ehrlichkeit sich selber gegenüber. Es ist immer wieder gut, sich selber zu fragen: »Soll mein Leben so weitergehen?«

Was passiert, wenn die Resonanz sich löst?

Die Resonanzen entstehen in dir, aber genauso strahlen sie über deine Energie in dein Leben und die Welt. Vielen Menschen ist das Resonanzprinzip bekannt. Was du bewusst oder unbewusst über deine Energie und die darin verborgenen Resonanzen aussendest, wird dir vom Leben gespiegelt. Die Welt zeigt sich uns so, wie wir sie denken, fühlen und glauben. Je nachdem, welche Resonanzen und Muster du in dir trägst, ziehst du andere Situationen in dein Leben hinein. Dies ist der Grund, weshalb sich Ereignisse manchmal so lange wiederholen, bis sie auf einer tieferen Ebene gelöst werden. Ein bekanntes Beispiel sind Menschen, die immer wieder an die gleiche Art Partner geraten und sich nicht erklären können, weshalb sie die gleichen Probleme mit lauter unterschiedlichen Personen haben, oder Menschen, die tief davon überzeugt sind, dass Veränderung und Wachstum schmerzhaft ist, und die die ganze Zeit in nicht enden wollenden Prozessen festhängen. Es sind die eigenen Resonanzen, die bestimmen, welche Begebenheiten im Leben auftauchen. Und es sind deine eigenen Resonanzen, die bestimmen, wie du auf etwas oder jemanden reagierst. Ob du innerlich ruhig bleiben kannst oder Angst-, Stress- oder andere Verhaltensmuster wie von selbst ablaufen.

Das ist kein Grund zur Sorge. Denn in deiner eigenen Energie ist sowohl die Herausforderung als auch genauso die Lösung verborgen. In jeder zunächst negativen oder herausfordernden Situation steckt etwas Positives. Wenn du in deinem Leben zurückblickst, entdeckst du mit großer Sicherheit eine Menge schwieriger Situationen, die im Nachhinein wertvoll für dein seelisches Wachstum waren. Indem du über sie hinausgewachsen bist, bist du vielleicht kraftvoller, klarer, sicherer, selbstbestimmter oder offener geworden, hast neue Perspektiven gewonnen oder hast gelernt, dich selber und andere zu lieben. Weshalb wir gewisse Themen tragen und andere nicht, liegt im Geheimnis unserer Seele verborgen. Gründe, weshalb man unangenehme Dinge anzieht, gibt es so viele, wie es Menschen gibt. Deshalb macht es keinen Sinn, lange über die Warum-Frage nachzudenken. Einfacher ist es, die Resonanzen mit dem Thema zu bearbeiten, um sich selber und das eigene Leben neu zu erleben.

Du musst auch nicht warten, bis etwas Einschneidendes in deinem Leben passiert, damit du es lösen kannst. Sobald du ein Thema entdeckst und weißt, dass du dies ändern möchtest, lohnt es sich, dieses gleich zu bearbeiten. Immer wenn du dich für die Veränderung entscheidest und bereit bist, diese zu leben, können auch tiefe Thematiken sehr oft einfach gelöst werden.

Egal welches Thema du bearbeitest, die Resonanz – das Thema – verschwindet aus deinem Leben. Oder anders ausgedrückt: Löst du ein für dich negatives Thema, löst du die Resonanzen, sowohl die bewussten als auch die unbewussten.
Was nach der Auflösung der Resonanzen bleibt, ist immer ein Mehr an Kraft, mehr an Liebe, mehr an Frieden und mehr Einssein mit sich selber und dem eigenen Leben.

3 | Lebendiges Wachstum

Es zählt nicht das, was passiert,
sondern wie du damit umgehst

Kraftvolle Veränderungen brauchen keine strikten Verhaltensvorgaben oder lange eingeübten Verhaltensänderungen. Was es aber braucht, ist die Entscheidung, die Verantwortung für das eigene Leben in die eigene Hand zu nehmen. Egal zu welchem Berater, Coach oder Freund du gehst, die Verantwortung für dein Leben und deine Entfaltung kann dir niemand abnehmen, und genauso wenig kannst du die Verantwortung für jemand anders tragen. Es ist natürlich sehr sinnvoll, sich helfen und sich begleiten zu lassen, trotzdem kannst nur du die Entscheidung zur tatsächlichen Veränderung in deinem Leben mit allen Konsequenzen fällen und die entsprechenden Schritte gehen. Die beste Hilfe und die kraftvollste Entscheidung sind immer, den Kontakt zum eigenen Inneren herzustellen, damit die Veränderung von dort aus geschehen kann. Denn es ist der einzige Ort, wo du wirklich etwas ändern kannst. So entsteht ein immer tieferes Wissen, dass du immer etwas tun kannst, egal in welcher Situation du dich gerade befindest.

Viele Menschen sagen »Wenn sich mein Mann oder meine Frau ändern würde, dann wäre mein Leben schön« oder »Wenn ich in einem anderen Land geboren worden wäre, dann könnte ich mich entfalten«. Sie warten darauf, dass sich das Umfeld oder die Situation ändert. Veränderung geschieht aber genau andersherum. Du veränderst etwas tief in dir drin und daraufhin verändert es sich auch außerhalb

von dir. Entscheidend ist letztendlich nicht, was passiert, sondern wie du darauf reagierst. Sei dies in deinen Handlungen, deinen Gefühlen oder Gedanken. Und dies ist von deinen bewussten und unbewussten Resonanzen abhängig.
Das ist auch der Grund, weshalb objektiv betrachtet gleiche Ereignisse von verschiedenen Menschen unterschiedlich verarbeitet werden. Eine Mobbingsituation kann bei einer Person massiven Stress oder Burn-out auslösen und bei einer anderen hinterlässt das gleiche Erlebnis keine Spuren, führt aber zu Wachstum und Lernen. Der Unterschied liegt im eigenen Inneren. Welche Resonanzen werden durch die Situation ausgelöst? Bleibt es im Inneren ruhig, oder laufen wie von selber Stressmuster ab?
Die unterschiedlichen Reaktionen sind wertfrei. Ein innerlich ruhiger Mensch ist nicht mehr wert oder besser als ein unruhiger. Der einzige Maßstab bist du selber und das einzig Entscheidende in einem solchen Moment ist, sich selber zu fragen: »Möchte ich diese Reaktionsmuster und Resonanzen behalten oder möchte ich sie aus mir selber heraus verändern? Was möchte ich in meinem Leben haben?«
Nicht die Situation muss sich ändern, damit das Leben besser wird. Die eigene Energie zu verändern, das ist das Entscheidende, um anders reagieren und handeln zu können.
Auf diese Art beginnst du ganz automatisch, dein Leben selber zu gestalten. Anstelle eines Gefühls des Ausgeliefertseins merkst du, dass du etwas tun kannst, um deine innere Freiheit zurückzugewinnen.

Das Positive im Negativen

Blockierende und hemmende Themen bilden in der eigenen Energie immer Verdichtungen oder Verhärtungen. Deine Energie kannst du dir wie einen Fluss vorstellen. Diese Verdichtungen hemmen oder unterbrechen den freien Energiefluss, was sich in den für dich wahrnehmbaren Resonanzen konkret bemerkbar macht. Das Denken wird eingeschränkt, unangenehme Gefühle entstehen oder sogar körperliche Reaktionen. Dieser Energiefluss jedoch bist du selber in deiner Ganzheit, und je freier sich dieser Fluss entfalten kann, umso schöner gestaltet sich das individuelle Leben und Erleben.

Fast immer bilden negative Themen irgendwo im Körper einen »tiefsten, innersten Kern« der Energie, welcher über die Zeit entstanden ist. Darin sind Hunderte oder gar Tausende Einzelerlebnisse, Gefühle, Gedanken und Bilder zu diesem Thema gespeichert. Ein passender Vergleich ist ein Lehmklumpen. Obwohl er als ein Klumpen sichtbar ist, besteht er aus Abertausenden kleinen Einzelpartikeln. Jeder Einzelpartikel ist ein Gedanke, ein Erlebnis, ein Gefühl usw. Meistens ist die Menge der Energie in einem solchen Kern so groß, dass sie mit dem Tagesbewusstsein nicht erfasst werden kann. Wenn zum Beispiel jemand sagt: »Ich habe das Thema 'Angst vor dem Loslassen'«, dann hat diese Person bestimmt schon Hunderte oder Tausende von Einzelmomenten zu diesem Thema erlebt. Oder das Thema »anhaltende Traurigkeit«, vielleicht hat diese Person immer wieder Verletzungen und Trauer erfahren, alles zusammen Hunderte von Einzelmomenten der Traurigkeit.

Du kannst aber ganz entspannt sein, dies alles musst du nicht wissen. Bei der Inneren Berührung geht es nicht darum, ein Thema zu analysieren, sondern darum, es energetisch zu erfassen und in seiner Ganzheit zu bearbeiten. Sie bezieht sich auf die komplette Energie des Themas mit allen Querverbindungen. Dies geschieht dadurch, dass der Fokus auf den Kern der Energie gerichtet wird. Im eigenen Bewusstseinsprozess geht nichts verloren. Denn genauso wie sich die

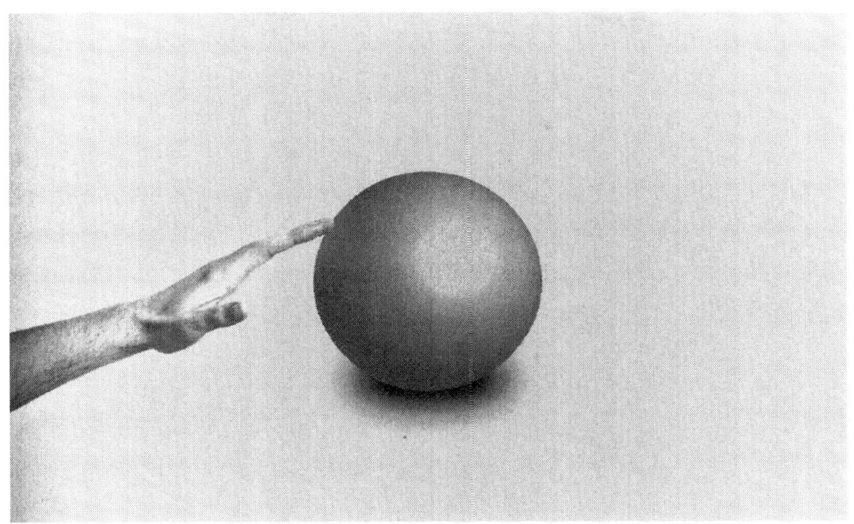

blockierenden oder störenden Muster im Unbewussten gebildet haben, können sie sich dort auch wieder lösen. Das positive Wachstum steckt im Kern des Themas. Solange ein Thema im Leben besteht, ist die Auswirkung des Kerns negativ, wird der Kern gelöst, entfaltet sich von selber die darin verborgene positive Kraft. Das entstandene seelische Wachstum integriert sich von ganz allein.
Trotzdem versuchen Menschen oft herauszufinden, was alles zu einem Thema geführt hat. Zum Beispiel, welche Erlebnisse und Menschen damit zusammenhängen. Im Bild vom Lehmklumpen würde dies bedeuten, dass man durch die Betrachtung der vielen Einzelpartikel versucht zu verstehen, was der ganze Kern ist. Eine solche Arbeit kann unter Umständen Jahrzehnte dauern. Die Erfahrung zeigt zudem, dass viele Menschen genau wissen, was zu einem Thema in ihrem Leben geführt hat, und das Thema trotzdem noch vorhanden ist. Nur weil die ganzen Zusammenhänge zu einem Thema erkannt werden, bedeutet dies nicht, dass er verschwindet.

Du musst dein Thema nicht zuerst verstehen, bevor es gehen kann. Oft hört man Aussagen wie »Das kommt aus meiner Kindheit«, »Das hängt mit den Ereignissen meiner Ex-Beziehung zusammen«, »Weil mein Vater oder meine Mutter ...«. Dies alles stimmt meistens, aber es ist für die Innere Berührung und die Veränderung nicht wichtig. Das, was bei der Inneren Berührung zählt, ist das Jetzt. Was zeigt sich jetzt in dir? Welche körperlichen Empfindungen, welche Gefühle, welche Gedanken hast du jetzt in dir? Welche Auswirkungen hat dein Thema jetzt?

Ein Beispiel: Jemand hält an Freundschaften und Partnerschaften fest, obwohl er respektlos behandelt wird und die eigenen Grenzen konstant übertreten werden. Interessant ist nicht, weshalb dies immer wieder geschieht, sondern was für Gefühle und Reaktionen in dem Moment im Inneren dieses Menschen entstehen. Vielleicht entsteht eine innere Enge oder ein Gefühl von Wut. Es kann auch sein, dass dieser Mensch plötzlich merkt, dass er Angst hat, Grenzen zu setzen, weil er nicht verlassen werden möchte. Natürlich finden sich in seiner Geschichte viele Gründe, weshalb dies so gekommen ist. Allerdings löst sich das Thema erst dann, wenn sich die Auswirkungen lösen, die jetzt da sind. Lösen sich die tiefsten negativen Resonanzen, löst sich das Thema, das damit zusammenhängt, bewusst wie unbewusst, jetzt und in der Zukunft.
Immer wenn ein Thema gelöst wird, ist das bewusste Verstehen der Auswirkung auf das eigene Leben im Gegensatz zu all dem, was im Unbewussten an Entwicklung geschieht, verhältnismäßig klein. Trotzdem entfaltet sich die positive Wirkung kraftvoll und schön in unserem Alltag. Vielleicht gerade deshalb, weil wir sie nicht bewusst steuern können und erst im Rückblick das Wachstum und die Ent-

faltung entdecken. In jeder Herausforderung, in jedem Problem, in allem Negativen steckt ein positiver Kern und unglaublich viel positive Kraft und Bewusstsein. Und diesen positiven Kern gilt es zu entfalten.

4 | Wie finde und benenne ich ein Thema?

Vielleicht sind dir beim Lesen verschiedene Themen eingefallen, die du bearbeiten möchtest. Damit ein Thema einfach und gut bearbeitbar ist, sollte es energetisch klar eingegrenzt und »griffig« sein. Denn obwohl man mit der Inneren Berührung unbegrenzt Themen bearbeiten kann, kannst du nicht alle auf einmal lösen.
Griffig ist ein Bauchgefühl zum jeweiligen Thema. Wie das Wort sagt, ist es ein bisschen so, als wenn du etwas mit deinen Händen greifen würdest, nur mit dem Bauch bzw. mit dem Gefühl. Für jedes Thema gäbe es 1000 verschiedene Benennungen. Für dich ist die wichtig, die für dich persönlich griffig ist und zu welcher du die stärksten Resonanzen verspürst.
Je eindeutiger und klarer du das Thema bestimmst, umso eindeutiger und klarer wird das Ergebnis sein. Wenn du dir bei der Eingrenzung deines Themas Zeit lässt, sparst du dir in der Durchführung eine Menge Umwege und kommst im Endeffekt schneller und effizienter zum Ziel. Wenn du tatsächlich am Kern des Themas arbeitest, löst du sämtliche Querverbindungen und damit zusammenhängende Blockaden ganz von alleine, und ohne dass du dir diese im Vorfeld bewusst machen musst. Die Eingrenzung ist wie ein Tor, durch welches du mit der Inneren Berührung in dein neues Leben hinein schreitest und alles hinter dir lässt, was damit zusammenhängt, auch die Dinge, die tief in deinem Unbewussten verankert sind.
In 80 bis 90 Prozent der Fälle laufen die Inneren Berührungen genau gleich ab, und die Technik ist sehr einfach. Im Schnitt dauert eine Innere Berührung zwischen 5 und 30 Minuten. Die einzigen beiden Voraussetzungen für das Gelingen sind deine eigene Entscheidung

und die Motivation zur Veränderung, und dass die Energie vom Thema einen tiefsten, innersten Kern in dir bildet. Die allermeisten Themen bilden irgendwo im eigenen Körper einen tiefsten Kern und in diesem Kern ist alles gespeichert, was mit deinem Thema zusammenhängt.

Wenn ein Kern zu einem Thema vorhanden ist, wirst du ihn immer finden. Die Erfahrung hat gezeigt, dass die meisten Menschen den Kern gleich wahrnehmen: rundlich und mittig im Körper, irgendwo im Rumpfbereich. Sehr selten liegt der Kern im Kopfbereich oder abweichend von der Körpermittellinie. Bei spirituellen Themen liegt er manchmal im Kopfbereich oder bei der Kopfkrone, bei körperlichen Thematiken manchmal abweichend von der Körpermittellinie.

Motivation

Deine eigene Entscheidung ist die Grundlage. Unter anderem bestimmt sie, wie schnell und wie vollständig sich ein Thema lösen lässt. Denn wenn man wirklich motiviert ist, fällt es leicht oder zumindest leichter, alte Verhaltensmuster loszulassen. Ein Thema lösen bedeutet nicht nur, etwas Unangenehmes hinter sich zu lassen, sondern das eigene Leben auf eine freie Art neu auszurichten. Veränderung, oft sogar tiefgreifende Veränderung, gehört zu einem solchen Prozess immer mit dazu. Paradoxerweise ist aber die Angst vor Veränderung und vor Entwicklung sehr verbreitet. Selbst dann, wenn Veränderung gewünscht wird. Das vertraute Elend scheint trotz allem die bessere Option zu sein als die ungewisse, undefinierte Freiheit. Wenn aber die eigene Motivation zur Veränderung größer ist als die Angst und ein Mensch bereit ist, sein Leben in die eigene Hand zu nehmen, können Wunder geschehen.

Wenn du ein Thema in deinem Leben bearbeiten möchtest, prüfe dich selber, ob es dir ein echtes Anliegen ist. Dies merkst du schnell, wenn du überprüfst, auf welcher Ebene es dich beschäftigt. Liegt das Thema auf der rein mentalen Ebene, ist die Motivation bei den meisten Menschen relativ klein, um wirklich etwas zu verändern. Sie wissen dann häufig »Es wäre gut ... Ich müsste einmal... Ich sollte schon lange ...« usw. Sie haben aber kein Gefühl der Motivation, wirklich etwas zu tun. Ist das Thema aber auch auf anderen Ebenen fühl- und erlebbar, dann ist die Motivation, etwas zu verändern, meistens sehr hoch. Themen, die echte Themen sind, zeigen sich in deinen Gefühlen, in deinen Gedanken, deinen Körperempfindungen und Verhaltensweisen. Nimm deshalb für die Innere Berührungen all die Themen, die für dich fühl- und erlebbar sind, und lass jene Themen, von denen du nur denkst, dass sie geeignet wären, du aber kein Gefühl dazu hast, vorerst einmal weg.

Ebenso spielt der sogenannte Sekundärgewinn eine Rolle. Dies ist der positive Nebeneffekt, der aus einem negativen Thema hervorgehen kann. Wenn du zum Beispiel Angst vor dem Autofahren hast und sich im Laufe deines Lebens eine ganze Armee von Privatchauffeuren um dich herum versammelt hat, kann es unter Umständen schwierig sein, das Thema loszulassen, weil der positive Gewinn in Form von Zuwendung sehr hoch ist. Manchmal geschieht dies auch bei Körperthemen. Es kommt vor, dass Menschen infolge von Kranksein besonders viel Aufmerksamkeit und Liebe von anderen erhalten und dann unbewusst Angst haben, diese Zuwendung zu verlieren, wenn sie gesund werden. Dies kann dazu führen, dass sie unbewusst am Kranksein festhalten, obwohl sie dies gar nicht möchten. Wenn du merkst, dass der positive Nebeneffekt eines negativen Themas größer ist als deine Motivation, dann frage dich einfach: »Was hindert mich, dieses Thema loszulas-

sen?« Oft zeigt sich dann das Thema, das darunterliegt. Im Beispiel von Kranksein könnte der positive Nebeneffekt zum Beispiel Angst vor Einsamkeit, Angst vor dem Verlassenwerden, Angst, nicht geliebt zu werden, oder Angst vor Verantwortung sein. Es ist das, was der Auflösung des Themas entgegensteht. In diesem Fall würde man zum Beispiel zuerst mit der Angst vor Einsamkeit und dann mit der Krankheit arbeiten. Es sind zwei Kerne, die nacheinander bearbeitet werden.
Sehr beliebt in diesem Zusammenhang ist, wie bereits erwähnt, die Angst vor Veränderung. Wenn du dies bemerkst, dann arbeite zuerst mit dieser Angst vor Veränderung und dann mit deinem Thema. Denn jedes Thema, das du löst, hat Veränderung zur Folge. Du verlässt den dir vertrauten Bereich und erlebst dich neu. Es ist die Veränderung, die all das Gute in dein Leben eintreten lässt. Du kannst sicher sein, alles Gute bleibt. Nur das für dich Negative geht.

Wenn du merkst, dass du unschlüssig bist und du an einem negativen Thema irgendwie festzuhalten scheinst, oder merkst, dass sich ein Widerstand in dir bemerkbar macht, stelle dir die Fragen:
»Bin ich bereit, das Thema aufzugeben?«
»Was bringt es mir, das Thema aufzulösen? Was passiert mit meinem Leben?« Mach dir noch einmal klar, welche Auswirkungen das Thema auf deinen Körper, deine Gefühlswelt, deine Gedanken und dein Verhalten hat.
Wenn dich etwas zögern lässt, schau, was dagegen steht. Oft ist es die Angst vor etwas oder ein innerer Widerstand. Arbeite in diesem Fall zuerst mit dem, was der Auflösung des Themas entgegensteht.

Mit dem gehen, was ist

Um dein Thema energetisch klar und griffig zu formulieren, ist es wichtig, dass du mit dem mitgehst, was sich dir körperlich, emotional und mental wahrnehmbar zeigt. Auch dann, wenn es sich zum Beispiel um ein spirituelles Thema handelt oder das Thema weit verzweigt ist. Denn auch diese Themen erzeugen deutlich wahrnehmbare Empfindungen in dir. Verwende möglichst die Ausdrücke für die Benennung deines Themas, die du auch in deinem Alltag dafür verwendest. Manchmal treffen diese das Thema sehr gut. Manchmal braucht es eine Konkretisierung des Themas. Für beide Fälle findest du im Folgenden verschiedene Beispiele, um den Vorgang der Themenfindung deutlich zu machen.

Viele Themen sind schnell greifbar. Wenn zum Beispiel Knieschmerzen dein Thema sind und du das Thema im Alltag so nennst, dann nimm »Knieschmerzen« als Thema. Wenn du eher von einer Kniethematik sprichst, dann nimm »Kniethematik«. Suche nicht nach einem übergeordneten Grund für die Knieschmerzen, wenn dies nicht eindeutig für dich erlebbar ist. Energetisch kann dies sehr wohl richtig sein, dass die Knieschmerzen durch eine ganz andere Thematik ausgelöst wurden. Wenn du aber diese Thematik nicht wirklich fühlst und keinen wahrnehmbaren und griffigen Zugang dazu hast, dann wird das Thema dadurch schwammig und mental. Es geht nicht darum, das Thema zu analysieren, sondern darum, mit dem zu arbeiten, was sich im Leben tatsächlich als Hindernis zeigt. Wenn Knieschmerzen dein Thema sind, dann sind sie körperlich, emotional und in ihrer Auswirkung erfahrbar. Da ist der körperliche Schmerz, vielleicht Traurigkeit oder Wut darüber, dass du verschiedene Tätigkeiten nur mit Einschränkung ausführen kannst, und mit Sicherheit denkst du immer wieder in verschiedenster Form über die Knieschmerzen nach. Dies alles steckt im tiefsten Kern der Knieschmerzen. Löst du den tiefsten Kern der Knieschmerzen, dann löst du auch alle versteckten Themen und blinden Flecke, die übergeordnet damit zusammenhängen. Das Gleiche gilt für emotionale Themen. Wenn jemand zum Beispiel immer wieder Angst vor dem Verlassenwerden fühlt, er das Thema so nennt und es für ihn griffig ist, kann es losgehen mit der Inneren Berührung.

Neulich war ein junger Student in meiner Praxis. Bereits in den ersten Minuten wurde deutlich, dass sein Thema »Prüfungsangst« war. Er spürte diese am ganzen Körper, sobald er nur an eine bevorstehende Prüfung dachte. Beim Sprechen darüber spürte er eine innere Nervosität aufsteigen, sein Denken wurde eng und angestrengt, und der ganze Körper spannte sich an. Das Thema war so eindeutig und griffig, dass er gleich mit der Inneren Berührung loslegen konnte. Beim Testen danach war die Angst auf allen Ebenen komplett verschwunden. Er konnte sowohl an die Prüfung als auch an die Prüfenden denken, ohne eine negative Resonanz zu verspüren. Stattdessen verspürte er eine angenehme Neutralität der bevorstehenden Prüfung gegenüber und fühlte sich fähig, sich auf die Vorbereitungen zu konzentrieren.
Ein anderes Beispiel ist eine Frau, die einen starken Ekel vor Zitronen hatte. Es schüttelte sie schon, wenn sie nur daran dachte, und sie musste sich fast übergeben bei dem Gedanken, in eine Zitrone hineinzubeißen. Auch der Geruch von Zitronen war für sie sehr unangenehm. Bei einem solchen Thema könnte man leicht denken, dass man das auch einfach vermeiden könnte, wenn man auf Zitronen verzichtet. In den meisten Fällen stimmt dies aber nicht. Fast täglich wurde sie auf öffentlichen Toiletten, im Kontakt mit Putzmitteln, Parfums, Salatsaucen und anderen Dingen mit diesem Ekel konfrontiert, da Zitronenduft in

unzähligen Produkten vorhanden ist. Sie hat die Innere Berührung mit dem Kern des Ekels gemacht. Nach der Inneren Berührung konnte sie entspannt an Zitronen denken, diese kaufen, berühren, daran riechen und sogar hineinbeißen. Zitrusduft und Produkte, die Zitronen enthalten, waren nun kein Thema mehr. Durch die Auflösung dieses Themas hat sich ihr Alltag enorm entspannt.

Manchmal gibt es sogar Fälle, da ist es schlichtweg ein »schlechtes Gefühl zu etwas«, das bereits griffig ist. In diesem Fall würdest du eine Innere Berührung mit dem Kern von »diesem schlechten Gefühl« machen.

Wenn dein Thema bereits griffig ist, dann denke an dein Thema, so wie du es benannt hast, und lege den Fokus auf die Energie deines Themas in deinem Körper. Verfolge diese Energie und schau, wo in dir der energetisch tiefste Kern davon liegt.

Konkretisieren

Bei anderen Themen kommt es vor, dass man weiß, was sich im Leben zeigt, und es ist trotzdem nicht eindeutig, wie man das Thema griffig formulieren kann. Die Auswirkungen sind deutlich und trotzdem ist das Thema noch schwammig und nicht greifbar. Manchmal zeigen sich im Leben auch verschiedene Themen und man spürt, dass sie irgendwie zusammenhängen könnten. In diesen Fällen gilt es, das Thema zu konkretisieren und einzugrenzen. Besonders gut funktioniert dies, wenn du dir selber Fragen stellst.
In welchen Situationen taucht dein Thema auf? Welches Verhalten löst es aus? Spürst du eine körperliche Auswirkung? Welche Gefühle entstehen in dir, wenn du daran denkst?
Es ist immer die Frage »Was macht es jetzt mit mir, ganz egal was passiert ist?«.

Ein junger Mann erzählte, dass er pausenlos von kreisenden Gedanken geplagt wird. Er beschrieb, dass er seine Gedanken nicht zur Ruhe bringen kann und deshalb oft müde und angestrengt ist. In der Nacht konnte er öfter nicht einschlafen, weil die Gedanken immer weiter kreisten. Trotzdem konnte er das Thema zunächst nicht richtig greifen. Auf die Frage hin, was er sich wünscht, sagte er unmittelbar: »Ruhe.« Und auf die Frage, was dieser Ruhe entgegensteht, sagte er: »Unruhe.« Plötzlich war das Thema für ihn greifbar. Er hat die Innere Berührung mit dem Kern der Unruhe gemacht. Dies hat bei ihm nicht nur mental eine enorme Entspannung und Ruhe ausgelöst, sondern auch ganz physisch zu Entspannung und Ruhe geführt.
Eine Seminarbesucherin erzählte, dass sie eine große Resonanz auf Tiertransporte hat. Jedes Mal, wenn sie einen Tiertransport auf der Autobahn

sah, fühlte sie sich elend und musste oft weinen. Sie erzählte, dass sie es kaum ertragen kann, wenn Tiere leiden. Plötzlich merkte sie, dass sie generell eine Resonanz auf Leid hat, auch bei Menschen. Immer wenn andere leiden, fühlt sie sich elend und hilflos. Diese Resonanz auf Leid war für sie griffig und sie hat die Innere Berührung mit dem Kern von Leid gemacht. Beim Testen hat sich gezeigt, dass sich die Resonanzen auf Leid gelöst hatten. Sie konnte an Tiertransporte denken und blieb innerlich ruhig, obwohl sie die Transporte immer noch schrecklich findet. Sie konnte auch Bilder der Transporte anschauen und musste nicht mehr weinen. Auch bei Gedanken an anderes Leid in der Welt, das Menschen und Tiere ertragen müssen, ist sie innerlich ruhig geblieben und konnte diese Begebenheiten mit einem Gefühl der inneren Neutralität betrachten, was in einem solchen Fall der Idealfall ist. Natürlich findet sie Leid noch immer traurig und schlimm, aber sie merkte, dass sie bei dem Gedanken daran neutral bleibt und nicht mehr mitleiden muss.

Eine andere Frau hatte das Thema »Missbrauch«. Da dies ein Begriff ist, der vieles umfasst, war es wichtig, dass sie sich die Fragen stellt: »Was auch immer geschehen ist, was hat es in meinem Energiesystem hinterlassen? Was sind die wahrnehmbaren Auswirkungen davon?« Sie hat gemerkt, dass in ihr Schmerz und Angst entsteht, wenn sie an Missbrauch denkt, und auf die Frage hin, was das stärkste Gefühl in ihr sei, sagte sie plötzlich: »Ekel.« Dieser Ekel war für sie griffig und damit war auch das Thema griffig. Sie hat eine Innere Berührung mit diesem Kern von Ekel gemacht und das Thema hat sich testbar gelöst. Sie konnte an den Missbrauch in ihrer Vergangenheit denken, an die Menschen, den Ort und die Ereignisse, ohne negative Resonanzen zu spüren, und auch die Angst vor Missbrauch war verschwunden. Sie wusste danach, dies ist geschehen, gehört aber in die Vergangenheit und hat keine blockierenden Auswirkungen mehr auf meine Gegenwart. Auch in diesem Fall ist die Neutralität der eigenen Geschichte gegenüber der Idealfall. Man sieht deutlich und klar die Dinge, die schlimm waren, bleibt dabei aber innerlich frei, weil sich die eigene Energie gelöst hat und die Erfahrung im eigenen Leben integriert ist.

Ein Mann erzählte, dass er immer wieder von Gefühlen der Verzweiflung überrollt wurde. Auf die Frage, wann und in welchen Situationen er Verzweiflung spürt, merkte er, dass es immer im zwischenmenschlichen Kontakt passiert. Er fühlte sich durch verschiedene Begegnungen und Gespräche überfordert, und als Reaktion davon verstummte er zunehmend und verspürte eine innerliche Verzweiflung. Er hat den Kern der »Überforderung« bearbeitet. Daraufhin konnte er entspannt an die verschiedensten vergangenen sowie gegenwärtigen Situationen im zwischenmenschlichen Kontakt denken, was er davor nicht konnte. Einige Zeit später berichtete er, dass die Entspannung geblieben und sogar noch gewachsen ist und er sich in dieser Art nicht mehr überfordert fühlt. Zudem hat er anderen Menschen gegenüber sprichwörtlich seine Sprache wiedergefunden.

Manchmal ist die Konkretisierung auch ganz kurz: Ein Seminarteilnehmer beschrieb, dass er beim Autofahren oft Aggression und Wut verspürt, wenn andere Verkehrsteilnehmer langsam und unsicher fahren, obwohl er das gar nicht möchte. Trotzdem fühlte sich das Thema für ihn noch unklar an. Auf die Frage, welches Gefühl denn stärker sei, Aggression oder Wut, sagte er: »Wut«, und mit dieser kleinen Konkretisierung war das Thema für ihn griffig und der Kern deutlich wahrnehmbar.

Bei allen Themen war es wichtig zu schauen: »Was löst es in mir aus? Welches ist das stärkste Gefühl / die stärkste Resonanz, wenn ich daran denke?«

Manchmal ist es sehr hilfreich, die aktuelle Situation im eigenen Le-

ben und in den eigenen Gefühlen zu betrachten und sich zu fragen: »Was wünsche ich mir statt dessen?«
Wenn du weißt, was du dir wünschst, dann frage dich: »Was in mir steht dem entgegen? Was hält mich davon ab, es einfach zu tun?«

Eine Frau erzählte, dass sie seit längerer Zeit sehr unzufrieden ist. Sie hatte das Gefühl, dass sie ständig zu kurz kommt und Freude und Glück anscheinend anderen vorbehalten ist. Sie beschrieb, wie sie sich den ganzen Tag über Begebenheiten und kleine Ereignisse ärgerte, und ertappte sich immer wieder bei Gedanken wie »Wenn ich nur mehr Geld hätte, wäre alles gut« oder »Wenn ich für meine Tätigkeit nur anerkannt werden würde, dann wäre ich glücklich«. Gleichzeitig war sie verärgert, dass bei allen anderen anscheinend das Glück nur so fließt. Sie fragte sich, was sie sich eigentlich wünscht, und erkannte: Im Frieden sein mit ihrem Leben. Und im gleichen Moment merkte sie, dass sie eine riesige Wut auf das Leben selbst hat. Sie hat diesen Kern der Wut aufgelöst und spürte plötzlich einen tiefen Frieden und eine Entspannung mit ihrer aktuellen Lebenssituation.

Wenn dein Thema bereits griffig ist, dann denke an dein Thema, so wie du es benannt hast, und lege den Fokus auf die Energie deines Themas in deinem Körper. Verfolge diese Energie und schau, wo in dir der energetisch tiefste Kern davon liegt.

Angst, Sehnsucht, Loslassen und Freiheit

Es gibt einige Themen, die in verschiedenen Variationen immer wieder auftauchen. Sie wirken im ersten Moment klar, brauchen aber manchmal eine Konkretisierung. Dies geschieht wiederum am besten über Fragen.

Ist dein Thema »Angst«?

Frage dich: »Angst wovor?«

Angst taucht häufig auf. Oft auch im Zusammenhang mit der Frage »Was steht etwas Gutem in meinem Leben entgegen?«.

Ein Beispiel: Eine junge Frau kam zu mir in die Praxis und erzählte, dass sie seit längerer Zeit in allem, was sie tut, wie blockiert ist. Sie wurde immer wieder von Wellen der Traurigkeit überrollt und hat sich komplett aus ihrem sozialen Umfeld zurückgezogen. Sie fühlte sich instabil und hatte keine Verbindung mehr zu ihren Wünschen und Visionen. Die Frau erzählte, dass dies seit ihrer Trennung von ihrem Ex-Freund so sei. Sie sagte, dass sie sich Klarheit und einen Neuanfang wünscht und gleichzeitig eine große Angst in sich spürt, die sie blockiert. Auf die Frage wovor, sagte sie: »Ich habe Angst vor Verlust.« Sie merkte, dass es diese Angst vor Verlust war, die sie blockierte.

Nach der Inneren Berührung fühlte sie sich stabil und klar und die Angst und die Traurigkeit waren komplett verschwunden. Sie konnte nun neue Dinge in Angriff nehmen, ohne sich unbewusst davor zu fürchten, diese gleich wieder zu verlieren.

Ist dein Thema »Sehnsucht«?

Frage dich: »Sehnsucht wonach?«

Meistens sehnt man sich nach etwas Positivem. Schau, was es ist, und schau dann, was dem entgegensteht. Wenn du dich zum Beispiel nach Geborgenheit sehnst, frage dich: »Welche Gefühle tauchen in mir auf, wenn ich an Geborgenheit denke? Kann ich Geborgenheit jetzt ganz annehmen?« Vielleicht zeigt sich Traurigkeit oder Schmerz oder Enttäuschung. In diesem Fall arbeitest du mit der Traurigkeit oder der Enttäuschung, einfach mit dem Gefühl, das bei dir auftaucht und dem entgegensteht, wonach du dich sehnst.

Ist dein Thema »Loslassen«?

Frage dich: »Loslassen wovon?«

Loslassen ist sehr allgemein formuliert, und es gibt immer auch Dinge, die man nicht loslassen möchte. Ein Beispiel: Du übernimmst im Geschäft dauernd Arbeiten von anderen und kannst kaum Pause machen, möchtest aber eigentlich weniger arbeiten. Du merkst, dass du Verantwortung von anderen übernimmst, und es stört dich. Das Thema könnte zum Beispiel »Loslassen von übernommener Verantwortung« sein. In solch einem Fall schaust du wiederum: Was steht dem Loslassen von übernommener Verantwortung entgegen? Weshalb hast du nicht schon losgelassen? Vielleicht ist es ein Gefühl von übermäßigem Festhalten oder eine Angst, nicht gut genug zu sein. Und mit dem, was dem entgegensteht, machst du die Innere Berührung.

Ist dein Thema »Freiheit«?

Frage dich: »Freiheit wovon?«

Auf die Frage hin, was sich Menschen wünschen, kommt oft die Antwort: »Ich möchte mich frei fühlen, ich wünsche mir Freiheit!« Auch hier ist es wieder der gleiche Ablauf. Was steht dagegen? Was hindert dich daran, frei zu sein? Freiheit wovon? Von Schwere oder Traurigkeit oder Enge?

Wovor? Wovon? Von was? Wozu? Wann genau? Wonach?

Diese Fragen sind sehr hilfreich und führen dich tiefer in den Kontakt mit der Blockade, ohne dass du die ganze Geschichte noch einmal aufrollen musst. Sie helfen das Thema deutlich zu machen. Sie sind auch sehr hilfreich bei der Findung von Themen, die positiven Dingen entgegenstehen, die du dir in deinem Leben wünschst.

Finger auf dem Kern

Weitere Tipps und Tricks zur Findung des Kerns

Positive Themen

Wenn du kein für dich negatives Thema zum Bearbeiten hast, nimm die Resonanz gegen ein positives, wenn eine besteht. Positive Themen noch positiver zu machen, ist immer wundervoll und hat eine enorm kraftvolle Wirkung auf den eigenen Lebensfluss. Noch mehr vom Guten ist immer möglich.

Mehrere Themen mit dem gleichen Kern

Ebenfalls häufig tritt auf, dass ein Mensch mehrere Themen mit sich herumträgt und das Gefühl hat, dass diese zusammengehören. Oft existieren in einem solchen Fall einer oder mehrere gemeinsame Kerne, die mit einer Inneren Berührung gelöst werden können. Auch in diesem Fall ist es wichtig, das Thema zu konkretisieren. Dies tust du, indem du für dich selber klärst: »Was lösen diese Themen für Resonanzen in mir aus? Was macht es mit mir in meinen Gefühlen, Gedanken und in meinem Verhalten? Was wünsche ich mir jetzt in dieser Lebenssituation? Was steht dem entgegen?«

Unbekannte Themen

Wichtig zu wissen ist, dass du auch Dinge, von denen du noch nie gehört hast, bearbeiten kannst. Eine Klientin, die selber energetisch arbeitet, erzählte mir, dass sie beim Arbeiten immer Schweißausbrüche bekam. Diese hielten so lange an, wie sie energetisch arbeitete, und sobald sie fertig war, waren auch die Schweißausbrüche vorbei. Sie hat das Thema »Schweißausbrüche beim energetischen Arbeiten« mit einer Inneren Berührung bearbeitet, und die Ausbrüche sind nie wiedergekommen. Diese Frau hat weder gewusst, weshalb sie schwitzt, noch warum dieses Thema in ihrem Leben war. Was sie aber genau wusste, war, wodurch bzw. wann die Schweißausbrüche ausgelöst wurden. Beim energetischen Arbeiten. Ein energetisch sehr konkretes Thema, obwohl man nicht weiß, weshalb und warum es im Leben dieser Frau aufgetaucht ist.

Es gibt auch Fälle, bei denen man das Thema nicht einmal genau benennen muss. Vielleicht merkt man plötzlich, dass sich in einem bestimmten Zusammenhang ein schlechtes Gefühl breitmacht und dieses griffig ist. Dann einfach schauen, wo in mir ist der tiefste, innerste Kern dieses schlechten Gefühls, und los geht's.

Verantwortung und Vertrauen

Diese beiden Themen werden oft genannt, sind aber nicht wirklich Themen. Beide Zustände sind in erster Linie eine Sache der Entscheidung. Sowohl Verantwortung zu übernehmen als auch auf etwas oder jemanden zu vertrauen, auch dir selber, ist eine Entscheidung. Manchmal steht dieser Entscheidung aber etwas entgegen. In diesem Fall arbeitet man mit dem was dagegen steht diese Entscheidung zu treffen.

Zwei oder drei Kerne

Sind mehrere Kerne zu einem Thema vorhanden, lösen sie sich meistens alle, wenn man den tiefsten Kern löst. Falls doch noch einer übrig bleibt, einfach so lange lösen, bis alle weg sind. Zu einem Thema existieren in der Regel maximal drei Kerne.

5 | Anleitung zur Inneren Berührung

Schritt 1: Den tiefsten Kern des Themas lokalisieren

Lass deine Augen für diesen Teil der Inneren Berührung offen.
Denke an dein Thema und frage dich, wo in deinem Körper der tiefste, innerste Kern davon liegt. Dazu legst du deinen Fokus auf die Energie des Themas und folgst ihr mit deiner Wahrnehmung in deinem Körper. Die Energie weicht oft von den physisch wahrnehmbaren Auswirkungen wie z.B. einer schmerzenden Stelle oder einem Kloß im Hals ab. Oft geben die Menschen »im Kopf« zur Antwort, weil dort die Gedanken zum Thema fühlbar sind, oder »im Magen«, weil sie dort die stärkste körperliche Reaktion fühlen. Du möchtest aber den energetisch tiefsten Kern finden. Nicht die Auswirkungen davon. Was dich interessiert, ist die reine Energie deines Themas im Körper und davon der tiefste Kern. Es kann gut sein, dass du den Fokus auf den tiefsten Kern legst und plötzlich weißt: »Genau hier.« Nimm dir Zeit dafür und frage dich, wenn du den Kern gefunden hast, noch einmal:
»Ist das der tiefste, innerste Kern des Themas?«
Es kann sein, dass du durch diese Frage tiefer in die Energie der Thematik eintauchst und sich ein noch tieferer Kern zeigt. Wiederhole dies so lange, bis du den tiefsten Kern gefunden hast. Manchmal gehören zu einem Thema mehrere Kerne. Wenn du dies bemerkst, dann frage dich: »Welcher von diesen ist der tiefste, innerste Kern?« Der Tiefste ist nicht immer der Größte. Und der tiefste Kern bedeutet auch nicht unbedingt die tiefste Stelle im Körper.

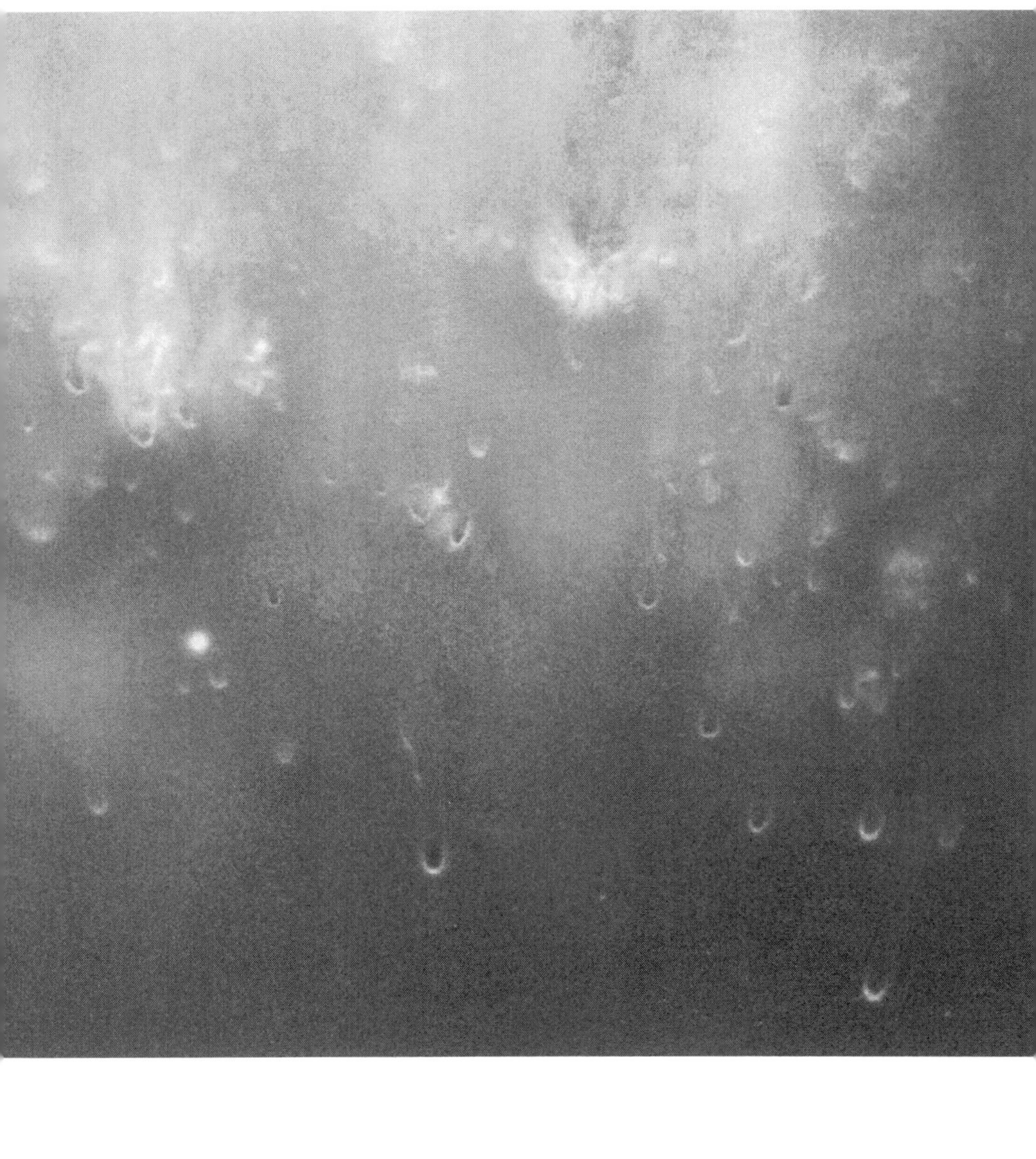

Sei ganz entspannt bei der Findung. Das Schlimmste, was passieren könnte, ist, dass du noch nicht den tiefsten Kern gefunden hast. Manchmal geschieht dies, wenn das Thema nicht klar genug eingegrenzt wurde. Du merkst das nach der Inneren Berührung, wenn das Thema noch nicht ganz gelöst ist. In diesem Fall schaust du einfach, wo ist der nächste Kern zu dem Thema, und machst genau das Gleiche noch einmal. In der Regel sind es maximal drei Kerne zu einem Thema.

Schritt 2: Wo genau?

Wenn du den tiefsten, innersten Kern deines Themas gefunden hast, merke dir die Stelle in deinem Körper. Nimm wahr, wie groß der Kern in deinem Innern ist. Nutze dazu deine Hände und zeige dir selber die Größe des Kerns.
Wichtig ist: Auch wenn sich das Thema riesig anfühlt, ist der energetisch tiefste, innerste Kern in deinem Körper nie größer als deine Körpergrenzen. Du hast ihn gefunden, wenn der Kern wahrnehmbar innerhalb deines Körpers liegt.

Frage dich nun, immer noch mit offenen Augen, der Reihe nach:
»Wie groß ist der Kern von x?«
»Ist der Kern hell oder dunkel?«

Du weißt nun, wo der tiefste, innerste Kern deines Themas in dir liegt, und kannst einen Schritt weitergehen. Benenne den Kern im weiteren Verlauf der Inneren Berührung immer mit seinem ganzen Namen. Z.B. »Kern der Angst vor Verlust« oder »Kern der Knieschmerzen«, einfach das Thema, das du bearbeiten möchtest. In der Anleitung steht jeweils ein x für das Thema.

Schritt 3: Reisevorbereitung

Mach dir noch einmal bewusst, welche Auswirkungen dieser Kern auf dein Leben hat. Was passiert dadurch im Körper? Welche Erinnerungen und Gedanken lösen das Thema aus? Welche Gefühle entstehen dazu in dir? Welches Verhalten löst es aus?
Nimm all die Auswirkungen wahr, ohne sie zu bewerten. Betrachte einfach, welche Auswirkungen dieses Thema auf dein ganzes Leben hat. Dies ist gut, um deine Motivation noch einmal richtig zu entfachen.

Sei dir auch bewusst, dass alles, was du bisher getan hast, um das Thema zu bearbeiten, nicht funktioniert hat. Nicht weil es falsch war, sondern um dir bewusst zu werden, dass das Thema noch vorhanden ist. Es öffnet in deiner Seele die Möglichkeit für einen neuen Zugang. Es ist das Ende vom Kampf gegen das Thema und die Anerkennung von dem, was ist. Anerkennen, was ist, macht klar und fokussiert.
Und genau dies ist nun deine Aufgabe. Es geht im Folgenden nicht darum, den Kern wegzukriegen oder ihn aufzulösen, sondern darum, mit ihm in Kontakt zu sein. Es geht nicht darum, ihn aufzulösen, und trotzdem geht es darum den Kern aufzulösen. Es ist eine absichtslose Absicht, mit der du mit dem Kern in Kontakt trittst. Dies ist wichtig, denn alles andere erzeugt Widerstand und eine Gegenenergie. Die einzige Art, den Kern zu lösen, ist, mit ihm in Kontakt zu sein, ohne ihn weghaben zu wollen.
Halte dich im Folgenden genau an den Ablauf der Inneren Berührung. Füge nichts hinzu und lass nichts weg, auch dies ist wichtig. Die Innere Berührung wurde Hunderte Male getestet, und du erhältst hier die energetisch perfekt aufbereitete Version. Du wirst dir im Folgenden immer wieder die gleichen Fragen stellen. Auch wenn dir

langweilig werden sollte, stell sie dir alle. Sie sprechen unterschiedliche Areale in deinem Hirn und deinem Bewusstsein an. Die Reihenfolge der Fragen ist nicht wichtig.

Schritt 4: Die Reise zum Kern

Nimm noch einmal den Kern in deinem Körper wahr und schließe dann deine Augen.
Geh mit deinem Bewusstsein nach innen, in deinen Körper hinein, und je nachdem, wo der Kern in deinem Körper liegt, reist du durch Kopf, Hals, Brustkorb, Bauch, bis du drei Meter vor dem Kern stehen bleibst. Dabei bist du natürlich viel kleiner als deine normale Körpergröße, da du als Bewusstsein reist. Wichtig ist, dass du in deinen Körper hineingehst und nicht deinen Körper von außen betrachtest.
Mach dir an diesem Ort bewusst, dass du jetzt drei Meter vom Kern von »x« entfernt stehst. Es kann gut sein, dass der Kern nun um ein Vielfaches größer ist als du. Es gibt auch Kerne, die kleiner sind als du. Jede Größe ist möglich. Du brauchst dir darum keine Gedanken zu machen. Nur wahrnehmen.

Frage dich drei Meter vor dem Kern:
»Ist der Kern größer oder kleiner als ich?«
»Ist der Kern hell oder dunkel?«
Und betrachte von da aus noch einmal, welche Auswirkungen er im Körper, im Leben, im Fühlen und Denken und in deinem Verhalten hat.

Beantworte dir die Fragen, indem du lediglich feststellst, wie es ist – ohne weiter darüber nachzudenken und ohne diese zu bewerten.

Das Einzige, was zählt, ist deine Wahrnehmung vom Kern in diesem Moment.

Frage dich dann an der gleichen Stelle:
»Welches Gefühl entsteht in mir, wenn ich vor dem Kern von x stehe?«
Nimm die Gefühle – seien sie positiv, negativ oder neutral – einfach feststellend wahr, ohne in sie einzutauchen. Sie sind so, wie sie sind. Dein Fokus bleibt auf der Energie des Kerns deines Themas. Wenn ein unangenehmes Gefühl kommt, nimm dieses einfach wahr, und mit diesem Gefühl gehe einen Schritt nach vorne. Zum Beispiel: Wenn Angst aufkommt, stellst du fest, dass du Angst spürst, und mit dieser Angst gehst du einfach einen Schritt nach vorne.

Bleibe zwei Meter vor dem Kern stehen.
Frage dich wieder:
»Wie groß ist der Kern von x jetzt im Verhältnis zu mir?«
»Ist der Kern hell oder dunkel?«

Beantworte dir die Fragen feststellend und neutral, ohne die Wahrnehmung zu bewerten. Lass deine Gefühle, die du dabei hast, einfach da sein, ohne in sie einzusteigen. Dein Fokus bleibt nur auf der Energie des Kerns.
Es kann gut sein, dass sich der Kern in Größe und Farbe verändert hat, das wird im Verlauf der Inneren Berührung immer wieder passieren.

Nähere dich dem Kern, bis du ca. 30 bis 40 Zentimeter vor dem Kern stehst. Frage dich noch einmal:
»Wie groß ist der Kern von x jetzt im Verhältnis zu mir?«

»Ist der Kern hell oder dunkel?«

Du stellst dies wieder fest und nimmst die Veränderung wahr, wenn es eine gibt. Es kann auch sein, dass der Kern gleich bleibt.

Schritt 5: In Kontakt sein mit dem Kern

Strecke nun, je nachdem was für dich angenehmer ist, deine linke oder rechte Hand aus und lege sie vorsichtig und behutsam auf die Oberfläche des Kerns. So, als wenn du ein Küken oder einen Babykopf berühren würdest. Wichtig ist, dass du nur eine Hand nimmst und sie auf die Oberfläche legst. Während der gesamten Inneren Berührung wird immer nur die Oberfläche berührt. Dies tust du rein innerlich.
Mache dir an dieser Stelle noch einmal bewusst, dass es nur darum geht, mit dem Kern von x in Kontakt zu sein.

Berühre den Kern und frage dich:
»Ist der Kern hart oder weich?«
»Ist der Kern rau oder glatt?«
»Ist der Kern trocken oder feucht?«
»Ist der Kern eher warm oder eher kalt?«

Beantworte dir die Fragen, indem du über das Gefühl in deiner Hand, die auf dem Kern liegt, wahrnimmst. Es gibt kein »besser« oder »schlechter« und keine richtige oder falsche Antwort. Du beantwortest dir die Fragen völlig neutral. Der Kern ist so, wie er ist. Wichtig ist nur, dass du in Kontakt mit ihm bist und schaust, wie er sich beim Berühren anfühlt. Die Modalitäten, welche du immer wieder überprüfst, helfen dir vollständig in Kontakt mit der Energie zu sein. Durch die Fokussierung darauf, wird das ganze wahrnehmende Bewusstsein auf die Energie vom Kern ausgerichtet. In welcher Reihenfolge du sie abfragst, ist nicht wichtig, es ist aber wichtig, dass du alle Gegensatzpaare abfragst.

Schritt 6: Den Kern streicheln

Beginne nun vorsichtig, behutsam, zärtlich und langsam den Kern zu streicheln. So, wie du über einen Babykopf oder ein kleines Tier streicheln würdest. Das ist alles.
Du bist mit deinem Bewusstsein ganz bei deiner Hand und somit in Kontakt mit dem Kern und machst nichts anderes, als ihn zu streicheln.

Nach ca. 30 Sekunden halte inne und frage dich wieder:
»Wie groß ist der Kern von x jetzt im Verhältnis zu mir?«
»Ist der Kern hell oder dunkel?«
»Ist der Kern hart oder weich?«
»Ist der Kern rau oder glatt?«
»Ist der Kern trocken oder feucht?«
»Ist der Kern eher warm oder eher kalt?«

Wenn du überprüft hast, wie sich der Kern anfühlt, streichle weiter. Behutsam, vorsichtig, zärtlich und langsam.
Streicheln ist die ideale Art, um mit dem Thema in Kontakt zu sein, weil du achtsam und vorsichtig die Energie wahrnimmst und weder dagegen ankämpfst noch auf eine andere Art probierst, sie zu verändern.

Nach zwei bis drei Minuten halte wieder inne und frage dich erneut:

»Wie groß ist der Kern von x jetzt im Verhältnis zu mir?«
»Ist der Kern hell oder dunkel?«
»Ist der Kern hart oder weich?«
»Ist der Kern rau oder glatt?«
»Ist der Kern trocken oder feucht?«
»Ist der Kern eher warm oder eher kalt?«

Du nimmst einfach wieder wahr, wie der Kern in diesem Moment ist, ohne darüber nachzudenken. Es kann sein, dass er zwischenzeitlich größer wird, es kann sein, dass er kleiner wird, sich die Farbe oder die Oberfläche ändert. Indem du immer wieder die gleichen Fragen überprüfst, bleibst du bei der tatsächlich wahrnehmbaren Energie des Kerns und bist sicher, dass du im Kontakt bist.
Es kommt vor, dass du beim Streicheln abschweifst. Das macht nichts. Bringe deine Aufmerksamkeit einfach zurück zum Kern, ohne dein Abschweifen zu bewerten, und streichle weiter.
Du wirst bemerken, dass der Kern durch den Kontakt immer kleiner wird. Wenn du dies bemerkst, mache dir immer wieder bewusst, dass es nicht darum geht, den Kern aufzulösen, sondern nur darum, mit ihm in Kontakt zu sein. Es wird dir helfen, wenn du dich ganz auf das Streicheln und die physische Wahrnehmung des Kerns konzentrierst und nichts anderes tust, als ihn behutsam und vorsichtig zu streicheln. Selbst wenn dir langweilig wird, streichle weiter und wiederhole den Ablauf, ohne ihn zu verändern oder etwas wegzulassen. Dies ist wichtig, damit die Technik funktioniert.

Diesen Ablauf wiederholst du immer und immer wieder, bis sich der

Kern vollständig aufgelöst hat, ohne dass du ihn auflösen wolltest.

Schritt 7: Der Kern löst sich auf, ohne dass er aufgelöst wird

Streichle besonders aufmerksam und sanft, wenn der Kern sehr klein ist, und hör nicht auf zu streicheln, bis du dir sicher bist, dass er vollständig verschwunden ist, oder du bemerkst, dass auf dem Boden nur noch Staub zurückbleibt. Manchmal wird der Kern mikroskopisch klein. Selbst dann heißt es weiter streicheln, denn auch ein mikroskopisch kleiner Kern ist ein Kern. Du wirst mit deiner Hand fühlen oder es eindeutig wissen, wenn am Boden kein Kern mehr liegt. Wenn der Kern klein wird, setze dich vor ihn hin und streichle ihn mit nur einem oder zwei Fingern. Wichtig ist, dass der Kern immer am Boden bleibt.

Wenn der Kern vollständig verschwunden ist, kein Staub übrig bleibt und der Boden eben und glatt ist, kannst du direkt mit Schritt 9 weitermachen.

Wenn Staub am Boden zurückbleibt, gehst du so vor, wie im nächsten Schritt beschrieben.

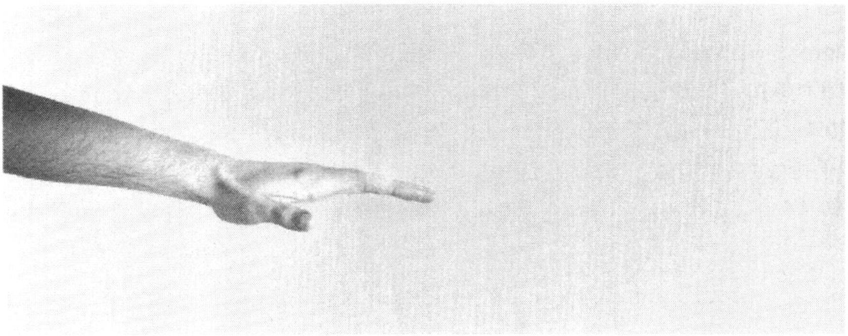

Schritt 8: Staub bleibt zurück

Wichtig ist, dass tatsächlich Staub zurückgeblieben ist. Nicht Kies, kleine Steine, Sand oder Ähnliches, sondern wirklich Staub, wie du ihn aus deinem Alltag kennst. Wenn es Sand oder Kies ist, dann streichelst du weiter, wie du es bis jetzt gemacht hast. In diesem Fall ist der Kern in mehrere kleine Teile zerfallen.
Schau dich auf dem Boden um, auf dem bis vor Kurzem der Kern lag. Wenn wirklich Staub übrig geblieben ist, dann gibt es immer irgendwo in der Nähe einen Spalt oder eine Wunde. Wenn du sie entdeckt hast, fahre mit deiner Handfläche über den Staub, sodass er daran hängen bleibt, und schmier den Staub in die Wunde hinein. Mach dies vorsichtig und sanft, bis der ganze Staub in der Wunde verschwunden ist.
Bleibe an dieser Stelle stehen und beobachte, was mit der Wunde bzw. dem Spalt am Boden passiert. Er wird sich ganz von alleine schließen. Falls eine Narbe zurückbleiben sollte, auch wenn sie nur haarfein ist, streichle darüber, bis der Boden ganz eben und glatt ist.

Schritt 9: Das bist tatsächlich du

Begib dich nun an die Stelle, an welcher bis vor Kurzem der Kern von x lag, und setze dich an dieser Stelle nieder. Bleibe dort sitzen und fühle, was für ein Gefühl jetzt an dieser Stelle durch dich fließt. Manchmal dauert es ein bisschen, bis die Gefühle wahrnehmbar werden, denn diese waren unter Umständen lange verborgen.
Es kann gut sein, dass Gefühle von Freiheit, Weite, Klarheit, Geborgenheit, Gelassenheit, Frieden und viele anderen guten Gefühle flie-

ßen, manchmal ist es auch einfach ein neutrales, selbstverständliches Gefühl. Lasse diese Gefühle durch dich hindurchfließen, während du an dieser Stelle sitzt, und mache dir bewusst, dass über diesen guten Gefühlen bis vor Kurzem der Kern von x lag.

Diese Gefühle waren schon immer da! Denn was an dieser Stelle durch dich fließt, diese guten Gefühle, das bist tatsächlich du. Das ist dein ganz normaler Zustand. Der Kern von x lag nur obendrauf. All das Gute, das bist du, wenn du frei von diesem Thema bist und die Energie in dir frei fließt. Genieße diese Gefühle und genieße dich selber.

Wundere dich nicht, wenn die Gefühle nicht ekstatisch sind. Denn dies wären nicht geerdete und nicht langfristige Gefühle. Langfristige positive Gefühle sind immer in Harmonie.

Die Gefühle, die durch eine Innere Berührung freigelegt werden, sind positiv und sehr kraftvoll, aber ein Stück weit auch gelassen und selbstverständlich. Genau dadurch entsteht Tiefe und Langfristigkeit. Die Gefühle sind selbstverständlich und natürlich, weil du selber dieses Positive bist. Es hat sich in diesem Zusammenhang der Ausdruck »spektakulär unspektakulär« geprägt. Was in dir passiert, ist gleichzeitig unglaublich und trotzdem ganz normal.

Schritt 10: Von jetzt in die Zukunft schauen

Bleibe weiter an diesem jetzt hellen, positiven Ort sitzen und denke von diesem Ort aus an dein Thema.

Wie fühlt sich dein Körper an, wenn du an das Thema denkst?

Welche Gedanken hast du jetzt bezüglich des Themas?

Welche Gefühle löst das Thema jetzt bei dir aus?

Stelle dir nun Situationen vor, in welchen das Thema jeweils aufgetreten ist, und prüfe, ob noch eine Resonanz besteht. Schaue bei körperlichen Themen, wie sich die Stellen am Körper verändern und wie die Energien dort wirken. Überprüfe all die Dinge, Körperstellen, Menschen und Situationen, die mit dem Thema zusammenhängen und die du dir vor der Inneren Berührung bewusst gemacht hast.

Wenn keine Resonanz mehr da ist, stelle dir vor, du gehst zuerst einen Tag und dann eine Woche in die Zukunft. An diesem Ort in der Zukunft stelle dir wieder die gleichen Fragen und überprüfe, wie es sich in einem Tag oder in einer Woche anfühlt, wenn du an das Thema denkst.

Danach gehe dann noch einmal drei Wochen weiter in die Zukunft und überprüfe wieder.
Gehe noch einen Schritt weiter in die Zukunft und schau, wie sich nach drei Monaten deine Gefühle und Gedanken entwickeln.
Wenn du möchtest, kannst du auch ein Jahr oder mehrere Jahre in die Zukunft gehen und auch da noch einmal überprüfen.

Kehre nun wieder zurück an genau die Stelle in deinem Körper, wo der Kern lag, und erlaube dir, dass sich diese guten Gefühle in deinem ganzen Körper ausdehnen. Erst wenn dein Körper ganz davon erfüllt ist, öffne deine Augen.

Schritt 11: Testen, testen, testen

Überprüfe deinen Körper, deine Gedanken und Gefühle bezüglich des Themas nun mit offenen Augen. Wenn du ein Thema bearbeitet hast, welches du unmittelbar physisch überprüfen kannst, dann mache dies gleich im Anschluss. Wenn du z.B. Angst vor Dunkelheit hattest, gehe in einen dunklen Raum. Wenn Ekel vor Zitronen dein Thema war, dann kaufe dir eine Zitrone im Lebensmittelladen und prüfe nach. Wenn du Verspannungen hattest, prüfe, wie sich dein Körper jetzt anfühlt. Wenn du Angst vor Hunden hattest, gehe spazieren, bis dir ein Hund begegnet.

Das Testen ist sehr wichtig. Wenn beim Testen keine Resonanzen mehr auftauchen, kannst du sicher sein, dass das Thema sich vollständig aufgelöst hat. Bei manchen Themen ist Neutralität das Beste, was passieren kann. Wenn du zum Beispiel den Geruch von Zitronen eklig fandest, musst du diesen nicht plötzlich lieben. Er wird ziemlich sicher beim Testen einfach neutral sein.

Bei körperlichen Themen kann die vollständige Ausheilung etwas länger dauern. Es ist schon öfter aufgetreten, dass die Symptome direkt verschwunden sind, manchmal dauert es ein bisschen, weil der Körper die dichteste Form deiner Energie ist. Trotzdem wirst du schon jetzt sagen können, ob sich etwas verändert. Manchmal merkt man, dass sich etwas löst oder freier im Körper anfühlt oder Spannungen nachlassen.

Wenn du beim innerlichen sowie beim äußerlichen Überprüfen merkst, dass noch eine Resonanz auf das Thema besteht, dann ist das überhaupt kein Grund zur Sorge. Dies bedeutet nur, dass entweder noch ein Rest des Kerns übrig geblieben ist oder irgendwo ein zweiter Kern zum gleichen Thema besteht. Reise einfach noch einmal zu dem Ort, wo der Kern war und schaue ob da noch ein kleines Stück Kern oder Staub liegt. Manchmal bleibt in diesem Fall auch der Boden dunkel. Dann steht man meistens auf dem nächsten Kern. Beginne dann den Boden zu streicheln, bis er hell wird. Es kann auch sein, dass noch ein weiterer Kern zum gleichen Thema an einem anderen Ort vorhanden ist. In diesem Fall suchst du, wie du es bereits kennst, zuerst den Kern und gehst genau so, wie du es bereits gemacht hast, wieder mit ihm in Kontakt, streichelst ihn und stellst dir die gleichen Fragen, bis sich alles gelöst hat.

Weitere Tipps und Tricks zur Inneren Berührung

Entspannung

Es ist immer gut, wenn du, egal welches Thema du bearbeitest, entspannt bleibst, während du eine Innere Berührung mit dir machst. Nimm dir Zeit, um ruhig zu werden, bevor du anfängst. Du kannst nichts falsch machen! Im schlimmsten Fall bleibt noch ein weiterer Kern zurück. In diesem Fall machst du einfach eine zweite Innere Berührung. Jedes Streicheln, jede kleine Veränderung, ist ein Schritt hin zum Positiven. Um dich zu entspannen, ist die Wahrnehmung deines eigenen Körpers ein gutes Hilfsmittel. Fühle einfach deinen Körper von oben bis unten, ohne eine Empfindung zu bewerten. Auch dein Atem kann dir bei der Entspannung helfen. Beobachte einfach, wie dein Atem ein- und ausströmt, und du merkst plötzlich, dass du ruhiger und gelöster wirst.

Abschweifen

Es kann immer wieder passieren, das man während des Streichelns abschweift. Dies macht nichts. Wenn du merkst, dass du abschweifst, dann bringe deinen Fokus einfach ganz entspannt zurück zum Kern, und du wirst ihn sofort wieder wahrnehmen. Bleibe mit deinem Bewusstsein ganz bei deiner Hand. Dann streichle einfach weiter und stelle dir wieder die gleichen Fragen: »Ist der Kern hart oder weich, rau oder glatt, trocken oder feucht, eher kalt oder eher warm?«

Seelenbilder

Es kann passieren, dass plötzlich Bilder auftauchen oder du das Gefühl hast, die Umgebung verändert sich oder der Kern verwandelt sich in ein Tier oder in andere Dinge. Dies sind Seelenbilder, die aus der Energie des Kerns heraus entstehen. Fokussiere dich in so einem Fall einfach wieder auf die reine Energie des Kerns und lasse dich durch die Bilder nicht ablenken. Sobald du den Fokus wieder auf den Kern legst, verschwinden sie wieder. Gehe den Bildern nicht nach, denn sie alle sind kleine Einzelpartikel vom Kern, und es bringt nichts, sich mit diesen Bildern auseinanderzusetzen. Wenn du z.B. immer wieder ein Krokodil vor dir siehst und die Bilder nicht verschwinden, kannst du dir auch selber sagen: »Ich habe heute kein Krokodil gefrühstückt, und deshalb ist es nicht in meinem Bauch.« Du kannst auch kurz die Augen öffnen, und weg ist es. Das Einzige, was dich interessiert, ist der Kern der Energie von deinem Thema. Was passieren kann, ist, dass sich der Kern am Schluss in eine Pfütze verwandelt oder in viele kleine Einzelteile, die aussehen wie Sand oder Kies. In diesen Fällen streicheln, wie du es gewohnt bist.
Du kannst dir merken: Alles Gegenständliche, was auftaucht, ist ein Seelenbild.
Nebel, Pfützen, Kies und Sand sind der Kern und du kannst sie einfach weiterstreicheln.

Der Kern schwebt

Wenn der Kern in der Luft schwebt, lege die Hand darauf und warte, bis er sich von selber zum Boden senkt. Es ist wichtig, dass der Kern immer auf dem Boden liegen bleibt. Nimm ihn zum Streicheln auch nicht in die Hand. Der Boden ist deine eigene Grundenergie, und es ist wichtig, dass er nicht davon entkoppelt wird.

Der Kern wird kleiner

Es ist wichtig, dass der Kern immer am Boden liegt. Wenn er kleiner wird, setze dich vor dem Kern auf den Boden und streichle ihn im Sitzen. Wenn er sehr klein wird, ist es angenehm, nur mit einem oder zwei Fingern zu streicheln.

Der Kern bleibt lange unverändert

Wenn du beim Streicheln merkst, dass sich der Kern auch nach dem dritten oder vierten Durchgang nicht verändert, lege deine Lippen auf den Kern und küsse ihn für ca. 20 Sekunden, dann streichle ihn ganz entspannt weiter.

Der Kern rollt weg

Das passiert, wenn zu viel Druck beim Streicheln entsteht. Gehe ein paar Schritte vom Kern weg und nähere dich noch einmal langsam und behutsam. Mache dir bewusst, dass es nicht darum geht, ihn aufzulösen, sondern nur darum, mit ihm in Kontakt zu sein. Lege die Hand wieder auf den Kern und streichle ihn langsam, behutsam, vorsichtig und zärtlich.

Nebel, Pfützen, Kies und Sand

Wenn Nebel oder so etwas wie eine durchsichtige Hülle um den Kern herum schwebt, dann streichle einfach den Nebel oder die Hülle. Es ist die äußerste Schicht des Kerns.

Nebel, Pfützen, Kies und Sand sind der Kern, und du kannst sie einfach weiter streicheln.

Wut und Angst

Du bekommst Angst, während du streichelst. Lasse das Gefühl einfach da sein und behalte den Fokus weiter auf dem Kern. Streichle noch behutsamer, sanfter, langsamer und vorsichtiger.

Wenn Wut oder Aggression gegen den Kern aufsteigen. Lasse auch diese Gefühle einfach da sein. Wenn du möchtest, kannst du den Kern auch schlagen. Du wirst merken, dass sich nichts an ihm verändert, wenn du ihn wegschlagen oder wegdrücken möchtest. Schlage, so lange du möchtest, auf ihn ein und streichle dann einfach sanft und behutsam weiter.

Der Kern ist hell

Wenn der Kern von Anfang an hell und strahlend ist, dann zeigt dies, dass in deinem Thema noch ein versteckter Gewinn verborgen liegt. Frage dich, ob du wirklich bereit bist, das Thema loszulassen. Du findest zu diesem Fall auch Hinweise im Kapitel Motivation.

Kurzanleitung

1.
Mit offenen Augen:
Wo in deinem Körper liegt der tiefste, innerste Kern des Themas?

2.
»Wie groß ist der Kern?«
»Ist der Kern hell oder dunkel?«

3.
Mache dir noch einmal bewusst, welche Auswirkungen dieser Kern auf dein Leben hat.
Es ist nicht das Ziel, den Kern aufzulösen, und trotzdem ist es das Ziel, ihn aufzulösen.

4.
Mit geschlossenen Augen:
Gehe mit deinem Bewusstsein in deinen Körper hinein, bis du drei Meter vor dem Kern von x stehst.
»Wie groß ist der Kern jetzt im Verhältnis zu mir?«
»Ist der Kern hell oder dunkel?«

»Welches Gefühl entsteht in mir, wenn ich vor dem Kern von x stehe?«
Gehe mit diesem Gefühl einen Schritt nach vorne und bleibe zwei Meter vor dem Kern stehen.
»Wie groß ist der Kern jetzt im Verhältnis zu mir?«
»Ist der Kern hell oder dunkel?«

Näher treten, 30 bis 40 cm vor den Kern.
»Wie groß ist der Kern jetzt im Verhältnis zu mir?«
»Ist der Kern hell oder dunkel?«

5.
Lege eine Hand vorsichtig und behutsam auf die Oberfläche des Kerns.
»Ist der Kern hart oder weich?«
»Ist der Kern rau oder glatt?«
»Ist der Kern trocken oder feucht?«
»Ist der Kern eher warm oder eher kalt?«

6.
Beginne vorsichtig, behutsam, zärtlich und langsam, den Kern zu streicheln. So wie du über einen Babykopf oder ein kleines Tier streicheln würdest.

Nach ca. 30 Sekunden innehalten.
»Wie groß ist der Kern jetzt im Verhältnis zu mir?«
»Ist der Kern hell oder dunkel?«
»Ist der Kern hart oder weich?«
»Ist der Kern rau oder glatt?«
»Ist der Kern trocken oder feucht?«
»Ist der Kern eher warm oder eher kalt?«

Weiterstreicheln.

Nach zwei bis drei Minuten innehalten.
»Wie groß ist der Kern jetzt im Verhältnis zu mir?«
»Ist der Kern hell oder dunkel?«
»Ist der Kern hart oder weich?«
»Ist der Kern rau oder glatt?«
»Ist der Kern trocken oder feucht?«
»Ist der Kern eher warm oder eher kalt?«

7.
Diesen Ablauf wiederholst du immer und immer wieder, bis sich der Kern von x vollständig aufgelöst hat, ohne dass du ihn auflösen wolltest.

8.
Falls Staub zurückbleibt:
Schmiere den Staub in den Spalt bzw. die Wunde. Streichle, bis der Boden glatt und eben ist.

9.
Begib dich nun an die Stelle, an der bis vor Kurzem der Kern lag, und setze dich an dieser Stelle nieder.
Welches Gefühl durchfließt dich jetzt an dieser Stelle?
Diese positiven Gefühle, das bist tatsächlich du! Das ist dein ganz normaler Zustand. Der Kern lag nur obendrauf.

10.
Bleibe weiter an diesem jetzt hellen, positiven Ort sitzen und denke von diesem Ort aus an dein Thema.
Wie fühlt sich dein Körper an, wenn du an das Thema denkst?
Welche Gedanken hast du jetzt bezüglich des Themas?
Welche Gefühle löst das Thema jetzt bei dir aus?

Wenn keine Resonanz mehr da ist, gehe in der Vorstellung eine Woche in die Zukunft, dann drei Wochen, dann drei Monate, und überprüfe jeweils, wie sich das Resultat entwickelt.

Kehre an die Stelle im Körper zurück und lasse die guten Gefühle sich im ganzen Körper ausbreiten.
Dann öffne die Augen.

11.
Überprüfe deinen Körper, deine Gedanken und Gefühle bezüglich des Themas nun mit offenen Augen und teste das Ergebnis wenn möglich gleich physisch.

»Wer liebt, vollbringt selbst Unmögliches.« (Buddha)

Nachwort

Vieles ist möglich, wenn wir uns auf das Neue einlassen und bereit sind, neue Wege auszuprobieren.
Täglich wachsen die wundervollen Erfahrungen und Beispiele, was so viele Menschen durch die innere Berührung verändert und gelöst haben und dem Leben eine neue, freie Richtung gegeben haben. Viele Erfahrungen werden von den Menschen, die schon jetzt die Innere Berührung anwenden, gemacht, die mich immer wieder aufs Neue faszinieren!

Ich wünsche allen Lesern ganz viel Freude, Erfolg und Wunder auf dem Weg zu mehr Freiheit, Glück und dem Leben das jeder sich wünscht und das die Grenzen des Machbaren sich immer mehr erweitern. Es liegt eine großartige Zukunft vor uns. Jeden Tag aufs Neue!

Alles Liebe und Lichte,

Ihr Heiko Wenig

Danksagung

Mein besonderer Dank gilt Andrea Stäger.

Durch ihre intensive Mitarbeit und ihr Engagement sowie der vielen Erfahrung, die sie mit in das Schreiben dieses Buches gebracht hat, ist dieses wunderschöne Buch möglich geworden und kann so viele, viele Menschen auf ihrem Weg erreichen!

Danke!

Kontakt

Für Ausbildungsseminare zur Inneren Berührung und für weitere Informationen kannst du gerne meine Homepage besuchen: www.heikowenig.de.

Heiko Wenig
Institut und Zentrum für Energie- und Bewusstseinsarbeit
Prinzregentenstraße 26
DE-83022 Rosenheim
heikowenig@web.de
www.heikowenig.de

Cyrus Broot

Srnoothies für alle!

Köstliche Powerdrinks - die immer gelingen

Erfrischung pur - von lauwarm bis eiskalt.
Für zwischendurch, für unterwegs, für einen schönen Tag.

Smoothies machen satt, sind köstlich, sehen hübsch aus und sind dabei auch noch so was von gesund. Eine besondere Art, Gemüse und Obst zu sich zu nehmen.

Sie haben den Schritt bisher gescheut, sich vegetarisch oder vegan zu ernähren oder es mal mit Rohkost zu versuchen?

Mit der Auswahl der Smoothies aus diesem Buch gar kein Problem, Die schnell zubereiteten Minimahlzeiten machen fit und geben Kraft, sind gesund und schmecken richtig gut.

Dieses Standardwerk bietet eine Vielzahl von Rezepten, die einen Gaumengenuss hervorrufen und die Gestaltung mit den vielen Fotos machen schon das Lesen zum Genuss.

Roman Verster

Räuchern mit Kräutern

Das 1 x 1 der heimischen Räucherpflanzen

Mit heimischen Kräutern räuchern heißt, etwas für sein Wohlbefinden zu tun, Raumluft zu aromatisieren und Räume spirituell zu reinigen. Räuchern mit eigenen Kräutern heißt: Räuchern mit Pflanzen aus dem Garten, von der Wiese oder vom Waldrand. Sein individuelles Räucherwerk zu finden heißt, sich mit den Pflanzen zu beschäftigen, mit ihrer Mythologie, dem Wesenhaften, den Kräften, die den Pflanzen innewohnen.

Für jeden ist ein Kraut gewachsen. Beruhigende Wirkung oder belebende Wirkung? Räuchern als Meditationshilfe? In diesem 1 x 1 des Räucherns findest Du Deine Pflanzen und Kräuter und damit auch die Mischungen, die für Dich stimmen.

So wie für jeden Menschen eine bestimmte Ernährung passend ist, so wie jeder Mensch sein eigenes Krafttier hat, so gibt es auch für jeden die passenden Räucherpflanzen. Räuchern mit Kräutern - das 1 x 1 der heimischen Räucherpflanzen hilft Dir, Dein besonderes Kraut, Deine Räucherpflanze zu finden.

Roman Verster

Krafttiere

Dein Krafttier finden

Hat jeder Mensch auf einer bestimmten Ebene ein Tier, das ihm zu Seite steht? Dem ist nicht so. Ein wirkliches persönliches Krafttier steht dem einzelnen Mensch nicht zur Seite, so wie man ihm einen persönlichen Schutzengel zuordnet. Jedoch jedes Tier verfügt über einzigartige Fähigkeiten, verfügt über bestimmte Kräfte hier auf Erden, wie auch auf der spirituellen Ebene. Auf dieser Ebene haben die seelischen Kräfte der Tiere Zugang zu den Seelen der Menschen. Eine jede menschliche Seele ist mehr oder weniger mit den verschiedenen Urkräften der Tiere verbunden. Diese Urkraft der einzelnen Tiere zu finden und sich damit zu verbinden, nennen wir das Krafttier zu finden.

So mag es ein Krafttier geben, das einen Menschen ein Leben lang begleitet, wahrscheinlicher aber ist es, das die Kräfte verschiedener Krafttiere dem Menschen zufließen, je nach Lebenssituation in der er sich befindet.

Und dann gibt es noch die besonderen Augenblicke: Augenblicke der Furcht, der Not und Bedrängnis, Augenblicke der Einsamkeit und Augenblicke der Ratlosigkeit. In solchen Augenblicken Verbindung zu dem entsprechenden Krafttier herstellen zu können, kann lebensentscheidend sein. Lerne Kontakt aufzunehmen zu den Kräften, die um dich herum sind, die eben mehr sind als nur Kräfte, die nämlich sehr wohl wesenhaft sind.

Corinna Lichtfelder-Schlegel

Urbanes Gärtnern

Freiraum erobern - Lebensfreude genießen

Urbanes Gärtnern - Gärtnern in der Stadt! Das ist auch ohne eigenen Garten und auch ohne Balkon möglich. Das Buch hilft, Anregungen für Orte zu finden, um Kräuter, Gemüse und Obst ungestraft und ergiebig anpflanzen zu können.

Eine Stadt wird dadurch lebendiger, aber auch das Leben eines jeden der diesen Weg geht, wird lebendiger und reichhaltiger. Kontakt aufnehmen zur Natur, die Verantwortung übernehmen für eine bestimmte Menge an Pflanzen, die Weiterentwicklung der Liebesfähigkeit zu allem, was lebt, das Wachsen der Freude in einem selbst und das bewusste Erleben von Wetter und Jahreszeiten, sind Geschenke die man auf diesem Weg erleben darf.

Freiräume erobern und Leben genießen - Freiheit und Verantwortung - das Dasein wird direkter, frischer, lebendiger mit allem was man selber aussäen, anpflanzen und ernten darf.

Ein Buch nicht nur für Städter - ein Buch, das kleine Schritte aufzeigt zu einem selbstverantwortlichen Leben.

Ein kleines Buch das sich zu einem großen Geschenk entwickeln kann, wenn man die Impulse aufgreift und zum Leben erweckt.

Corinna Lichtfelder-Schlegel

Der Regenwurm

Der wahre Alchemist

Es gibt Menschen, die schreien »Igitt«, wenn sie ihn sehen. Damit tut man ihm Unrecht. Denn es gibt kaum ein so vielfältiges, selbstständiges, überlebensfähiges und nutzbares Würmchen, wie eben den Regenwurm.

Der Regenwurm ist ein wirklicher Alchemist, einer der aus Unedlem, Edles macht, aus Müll Humus und aus Gartenabfällen hochwertigen Gartenboden. Einzig die Mischwälder und der Regenwurm produzieren noch Humus und stehen einer stetig zunehmenden Verödung und Verwüstung der Natur entgegen.

Ein Wurm frisst täglich sein Eigengewicht und scheidet die entsprechende Menge an hochwertiger Erde wieder aus. 1.000 Würmer vertilgen jeden Tag zwischen 700 g – 1.000 g Abfall und produzieren in gleicher Menge Humus. 1.000 Würmer produzieren also im Jahr 300 kg hochwertigste Erde im Jahr.

Das Buch führt uns diesen Alchemisten bildhaft vor Augen. Wir lesen von seiner Bedeutung für die Belüftung des Bodens und somit für die Wasseraufnahmefähigkeit des Bodens. Wir erfahren, wer der König unter den Regenwürmern ist und wir lesen, wie wir ihn für unseren Hausmüll nutzen können – selbst wenn wir nur einen Balkon haben. Und wir erfahren, wie wir ihm ein Lebensumfeld schaffen, in dem er sich besonders gut vermehren kann, bis hin zu dem geringen Aufwand, den man an Zeit investieren muss, um eine regelrechte Regenwurmfarm zu bauen. Regenwurmerde ist bis zum Tausendfachen wertvoller für Pflanzen als Produkte aus SB Märkten. Das Giftigste an Hausmüll ist der Inhalt eines Staubsaugerbeutels, mit dem man auch Teppiche gesaugt hat. Aber das frisst der Regenwurm gerne, um daraus giftfreies braunes Gold zu schaffen.

Frieda Albersperger

Naturkosmetik aus dem Garten

Natur lieben - Schönheit leben

Schönheit hat ihren Preis. Sicher, aber nicht unbedingt in Euro und Cent. Jeder Mensch ist auf seine eigene Weise schön. Diese Schönheit zu erhalten, muss nicht teuer sein. Wenn man sich umschaut, kann man Vielfältiges in der Natur entdecken, was man nutzen darf um seine Schönheit zu erhalten.

Es gilt, die eigene Persönlichkeit zu unterstützen – dazu gibt es viele Wege. Ein teures Parfüm, das die eigene Note überlagert, kann vielleicht auch Ausdruck seiner Persönlichkeit sein. Wer aber diesen Weg der Vereinheitlichung der Gerüche, der Überwältigung der Nasen seiner Mitmenschen und des Missbrauchs seiner eigenen Poren nicht mehr mitgehen möchte kann den Weg gehen, sich seine eigene Kosmetik zu erstellen. Die Auswahl der Kräuter, vielleicht sogar deren eigenen Anbau heißt, sich die Frage zu stellen was zu mir passt und was kann ich für mich selbst machen.

Diese Herangehensweise bedeutet natürlich auch, dass man sich mit sich selber beschäftigen muss, dass man etwas für sich machen kann und dabei Freude empfindet, auf die man sonst verzichten müsste.

Das Buch »Naturkosmetik aus dem Garten« bietet eine Vielzahl von Rezepten und Anregungen, um mit wenig Aufwand eine individuelle Kosmetik für sich herzustellen.